世界の子どもが幸せにならねば平和はこない

子どもたちに語り継ぐ
加納莞蕾の平和思想

Kano Kayoko
加納 佳世子

(1) キリノ・ファミリーとの交流

キリノ・ファミリーと（マニラ）（2015.11.13）

エルピディオ・キリノ生誕125周年記念式典（ビガン）（2015.11.16）

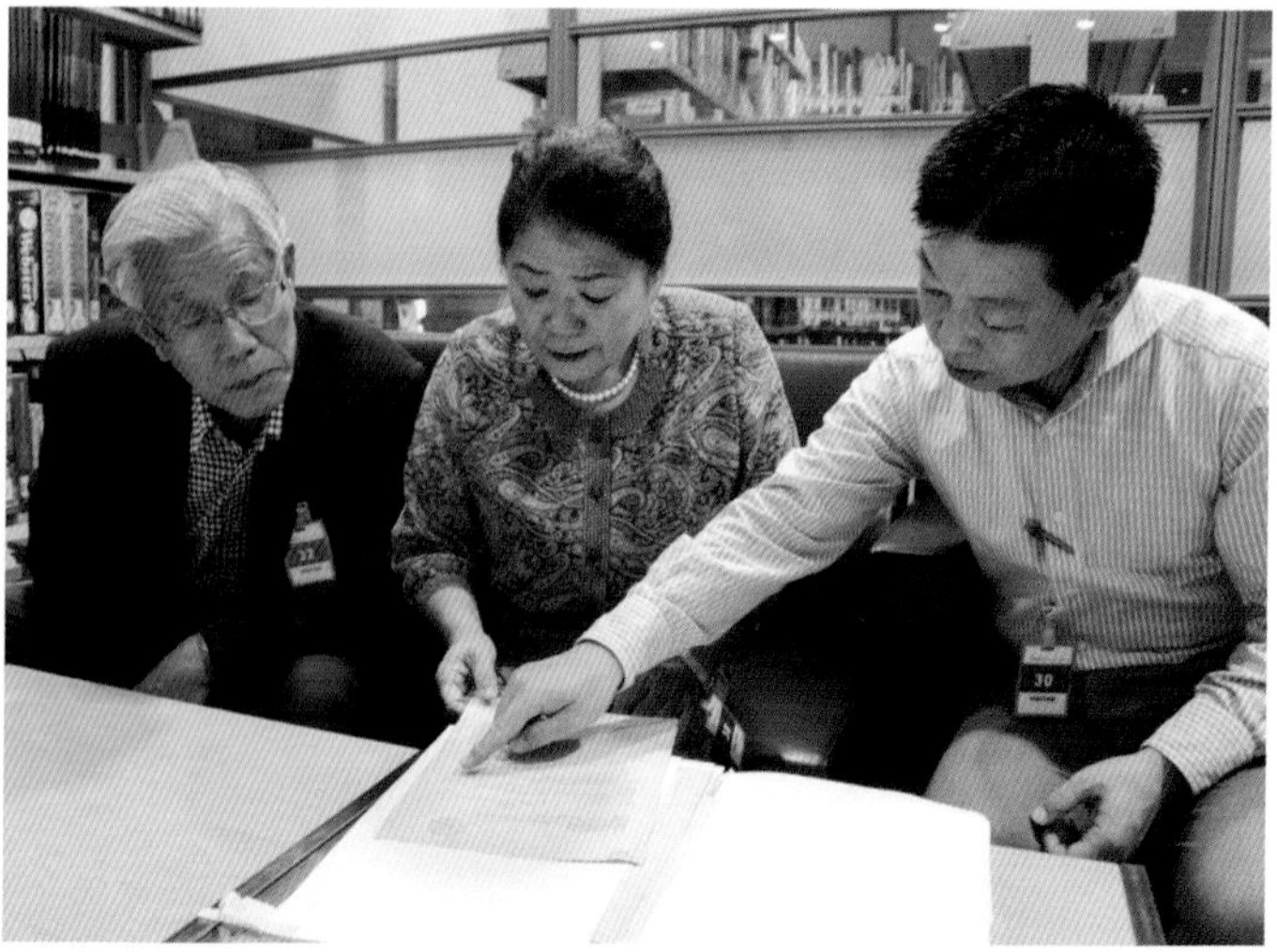

アヤラ博物館にて莞蕾の書簡が見つかる。右は永井均・広島市立大学教授
（マカティ市　2015.11.14）

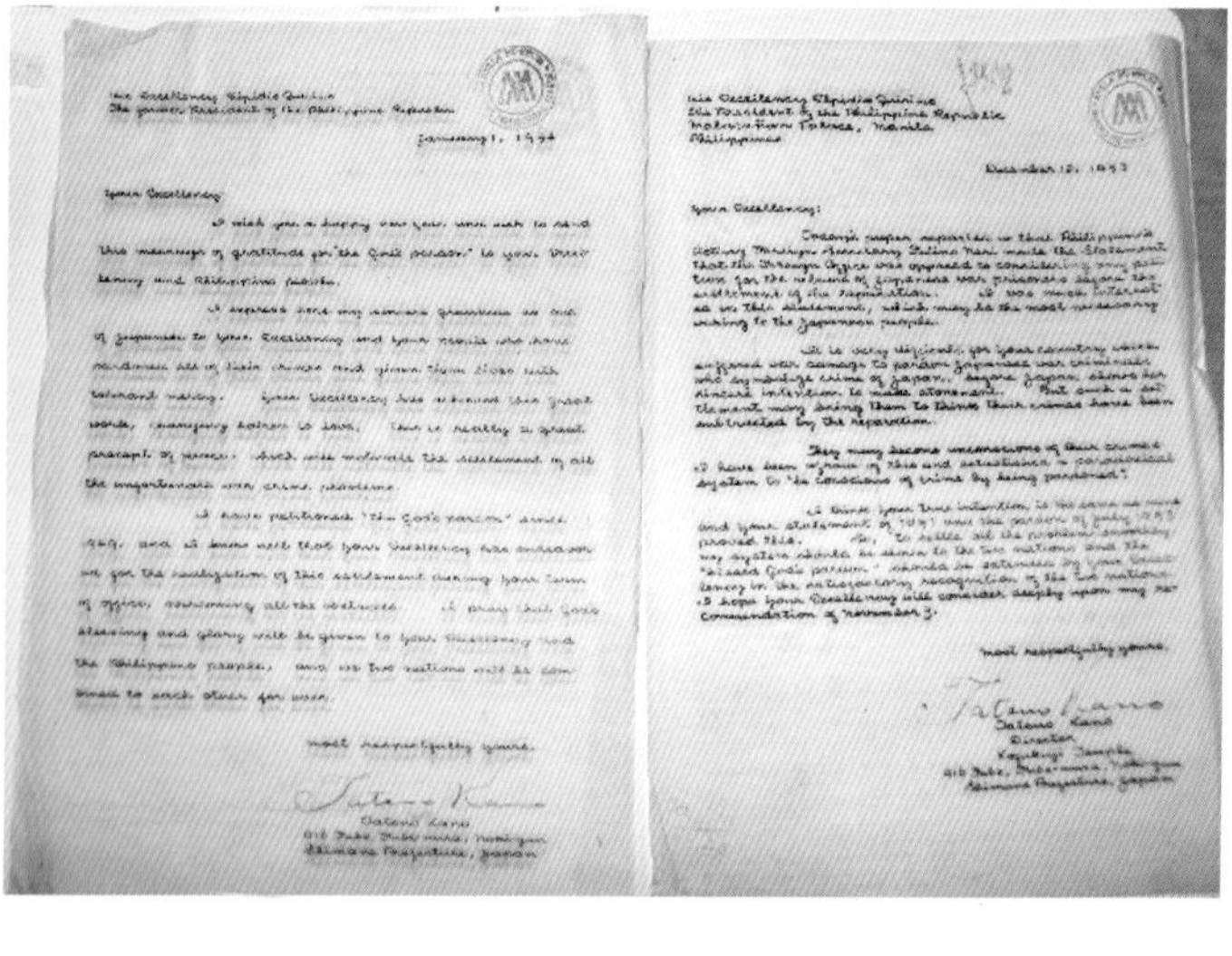

マラカニアン宮殿とキリノ大統領の肖像画
(2019.2.2)

キリノ大統領の墓地に参拝する(マニラ)
(2015.11.14)

ニュービリビッド刑務所(モンテンルパ)(2015.11.14)

キリノ大統領顕彰碑建立（日比谷公園）（2016.6.18）

人形「平和への祈りーアリシアと3人の愛児たちー」安部朱美作（モンテンルパ博物館に展示 2010.3.1）

加納莞蕾とキリノ平和友好の碑
（安来市加納美術館前に建立　2019.10.23）

(2) 学校で出会った子どもたち

休けい時間（1年生）

おたのしみ会風景（1年生）

給食風景（1年生）

算数の時間（1年生）

授業風景（6年生）

広島修学旅行

被爆者の話を聞きました

音楽会（6年生）

女の子たち（木に登って）

卒業式

(3) 次世代に伝える

こども園の子どもたちに

小学生修学旅行（2022年）

市内中学生（2022年）

中学生に出前授業（2022年）

(4) 莞蕾の作品

母と子（1931年）

室内（1930年）

かくれんぼと魚（1934年）

魚市場（1933年）

風陵渡高地占領（1944年）

なしの花（1952年）

あけび（1950年）

あじさい（1953年）

もくれん（1957年）

ぼたん

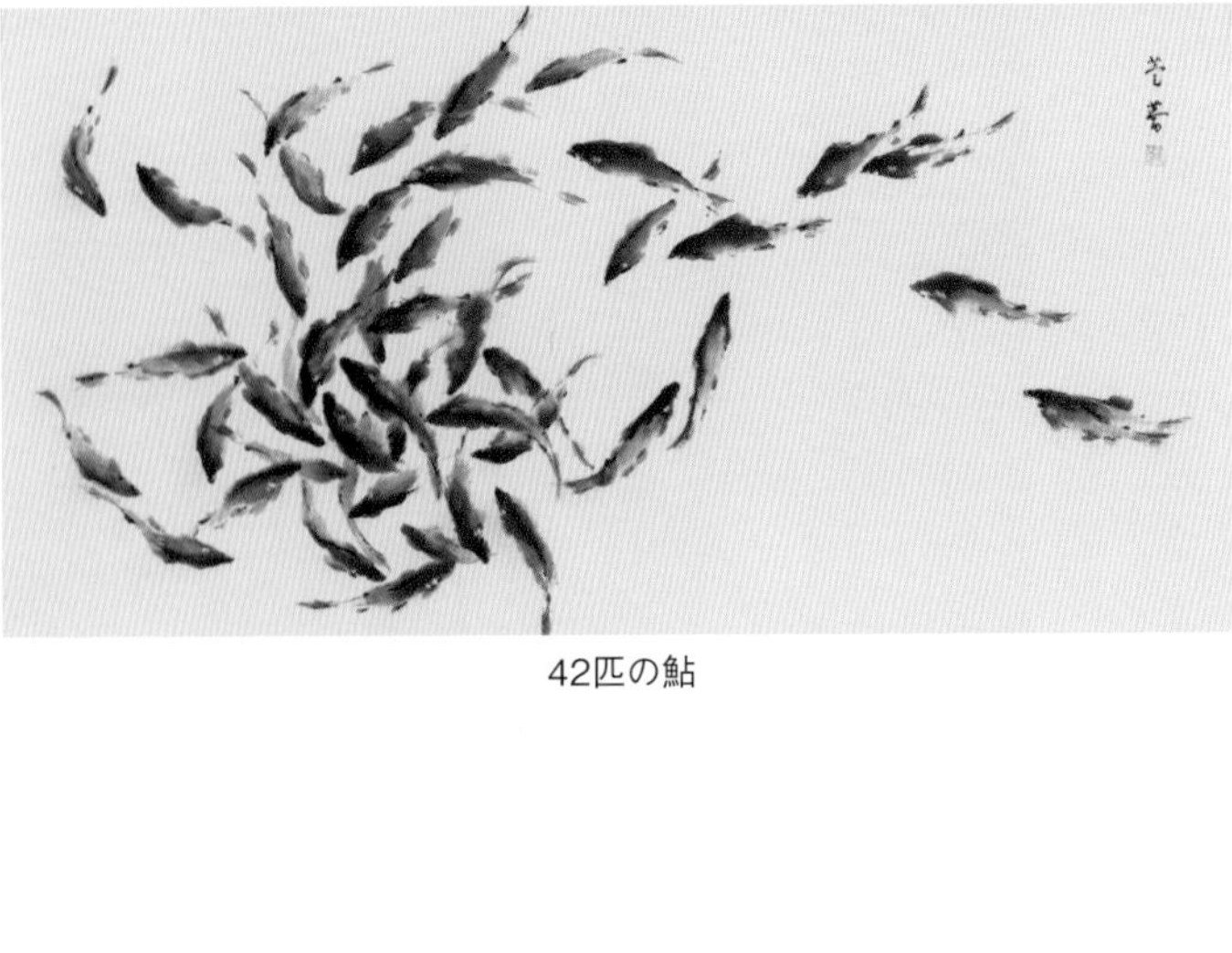

42匹の鮎

はじめに

朝日新聞社の方から、『元気力』のコーナーに原稿を書いてみませんか」とお声をかけていただいたのは、二〇一六年のことでした。「自分の書いた文章が新聞に……」と、びっくりした私でした。

それは、私どもが、二度目のフィリピン訪問をした後のことでした。一回目、二回目と、私たちのフィリピン訪問を取材し、記事にしてくださった朝日新聞社の小早川記者が、「莞蕾《かんらい》さんのお話は、これからまだまだ続くことでしょう。書かれたらどうでしょう」と勧めてくださいました。「ありがとうございます」と、言って書き始めた『元気力』でした。

書き進めるうちに読んでいただいた方から「読んでますよ」「楽しみにしてますよ」など、いろいろ声をかけていただきました。それは、大変うれしく励みになりました。この『元気力』で私の方が元気をいただいていたような気がしています。

私の父加納莞蕾（本名、辰夫）は、画家として戦争を体験しました。昭和一二年、三三歳のころから朝鮮（韓国）の京城（ソウル）にあった陸軍総司令部を拠点とし、画家としての活動をしていました。実際の戦地に赴いたのは、昭和一二年一一月より、日中戦争さなかの、中国山西省でした。一年二か月ほどでしたが、父が書いた日記や手帳などで、その頃の様子、感じたことなどを知ることができます。その後は、また京城に戻り、学校（京城高等工業学校）に美術教師として勤め、また従軍画家としても活動をしていました。そして朝鮮美術展、独立美術展等々に入選を繰り返していました。

そして一九四五年終戦。私たちの家族は、引き揚げで、島根県能義郡布部村（現、安来市広瀬町布部）に帰ってきました。

大きな戦争が終わったその年、莞蕾にとって、運命的な出会いがありました。元海軍少将・古瀬貴季氏が、フィリピンからご夫人の実家のある布部村に帰ってこられたのです。

「戦争は、誤りであった」と話す古瀬貴季元海軍少将の言葉は、莞蕾にとっては、とても衝撃的なことでした。そして、その後、古瀬氏は、日本を発ってフィリピンに行かれ、マニラ軍事法廷に立たれるのです。

その法廷で、古瀬氏は「我に罪あり。私に死刑を」と証言されたということです。潔く日本軍の罪を証言され、裁判は三日で終わり、死刑の宣告がなされたのです。

そのニュースを聞いた莞蕾は、これからの日本を平和に導くためには、「日本を正しめねばならぬ」と言っていた古瀬氏のような人こそが、これからの世に生きるべきではないか、彼に生きて日本のために証言してもらうことが、これからの日本のためであるという思いが募ります。その高揚した思いが、一九四九年四月からの莞蕾の行動の原点となったのです。

日本人戦犯の死刑の執行を決断をするのは、フィリピン大統領であるということを知った莞蕾は、当時の大統領エルピディオ・キリノに向けて嘆願書を送り続けることになります。「祖国は、これから平和を築くために、彼を失うことはできないのです」と。

しかし、キリノ大統領自身も日本兵により、妻と三人の子どもの命を奪われていました。それを知った莞蕾は、妻子を戦禍により奪われた大統領の悲しみ、憎しみを思い、深く考えます。「私は、最初は古瀬を助けたいと思ったが、実は私の求めているものはそうではない。これからの日本が平和を築くためなのだ。そのためには、すべての戦犯が赦されなければならないのではないか。すべての戦犯が赦免された時、彼らは、与えられた『生』を戦争否定の立場で生きていくであろうし、平和を築く種子となるはずだ。それこそが互いの国の平和と友好をもたらすのだ」という思想にたどりつきます。

加納莞蕾は、自分の思いを「赦し難きを赦すことこそ次の世の平和につながる」とし、フィリピンの大統領をはじめ、マッカーサー元帥、またそのほかに日比の政府関係者、キリスト教関係者、ローマ法王（教皇）等々に、書簡を送り続けます。

それから四年後、大統領の恩赦により、すべての日本人戦犯は帰国ができました。もちろん当時は、日本人の戦犯赦免について多くの人々の声も高まり、日本の人々の願いでもありました。その中で、莞蕾の強い思いは、怒り・憎しみ・悲しみを越えて、戦犯を赦した大統領の思いを平和へのスタートとしなければならないということでした。大統領は、「愛児の名において戦犯を赦したのだ」と強く言っていました。

莞蕾は、戦犯問題は児童問題であるといい、戦犯赦免の後は、「世界児童憲章」の制定をと訴え続けていきました。世界に平和をもたらすのは、次の世代を担う子どもたちであろうと。

一九五三年七月、フィリピンの大統領エルピディオ・キリノが日本人戦犯を赦免した時、私は小学校三年生でした。子ども心に、大統領の行動をとてもうれしく思い、私はキリノ大統領をとても身近な人のように感じたのを覚えてます。父莞蕾は、大統領の戦犯赦免について、われわれ日本人が平和を築かなければならないという課題を与えられたのだと言い、まず布部村の村人へ、平和のあるべき姿を訴え、布部村民のみんなで平和へのスタートにしようと呼びかけていきました。

莞蕾が、村長となったのは、私が小学校五年生の時でした。みんなが力を合わせることの大切さ、正しいと思ったことをやり通す努力を重ねていくこと、世界に平和が来るべく努力を怠ることのないように生きることなど、私は父親の生き方の中で、その頃に学んだように思います。

二〇一五年一一月に私と夫は、初めてフィリピンを訪問しました。それは、エルピディオ・キリノの孫にあたるルビー・キリノさんたちが組織されているキリノ財団から『キリノ大統領生誕一二五周年記念式典』への招待を受けたからでした。

私は幼いころから、フィリピン、マニラ、モンテンルパなどの町の名前やエルピディオ・キリノ、ベルナベ・アフリカ、フローレンシオ・グーソン、ラモン・マグサイサイ……の人たちの名前は、よく聞いており、とても身近に感じていました。

当日、マニラの空港に降り立った私は、なぜか初めて訪問する地とは思えず、むしろ不思議なほどの懐かしさを感じていました。

一一月一六日、キリノ大統領の生誕地ビガンで催された『生誕一二五周年』の式典は、素晴らしいものでした。キリノ大統領の孫のコリー・キリノさんが「日本から来た加納夫妻を紹介します。彼女のお父さん加納辰夫は、キリノ大統領に「赦す勇気を持つよう日本から嘆願書を四三通も出し続けたのです」と、千人もの人たちの前で紹介してくださったのです。フィリピンのたくさんの方々からの拍手を受け、私たちは感激いたしました。

二度目にマニラに行ったのは、翌二〇一六年二月です。キリノ大統領は、大きな功績があったということが認められ、『英雄墓地』に移転されることになったのです。その大きなセレモニーにも招待を受けたのです。その当時は、アキノ大統領でした。

私の『元気力』の記事は、このあたりから始まります。

加納辰夫が何を思ってキリノ大統領に書簡を書き続けたか、キリノ大統領の赦免の後どう行動していったかを私はよく考えます。「戦犯問題の帰結点は児童問題である」と、よく言っていました。そのことは、戦犯問題を考えていくと必ず世界平和に行きつかなければならない。そのことはいわば「子どもが幸せにならねば世界平和は、ありえない」ということなのだな、と話していました。子どもは、必ず次世代を担うのですから。

加納莞蕾（辰夫）が目指したのは世界の子どもが守られるための『世界児童憲章』でした。

私は子どもの頃から、この話を聞いて育ちました。


私は、大学卒業後、小学校に三八年間勤めました。実にたくさんの子どもたちとの触れ合いがありました。子どもたちとの思い出がいっぱいです。『元気力』の中に子どもたちとの思い出、ふれあいなども書いていきました。いろいろな場面を思い起こしながら書いていくと、私の子どもたちに対しての想い、また考え方などが、莞蕾の平和思想と通い合うものがあるように思えてきました。私の教育観の中に、莞蕾の平和思想が潜んでいたようです。莞蕾の人々の意見を大事にし、また「どの人にも平等たるべきだ」というその言葉を思い起こす時、私もまた教職で過ごした日々は、自分の生き方、考え方に合っていたかもしれないと思ったりいたします。

六年四か月……続いた『元気力』は四五回を数えました。

「一冊の本にしたら」と、勧めてくださる方が何人かあり、また、ある方からは、「このシリーズのテーマは『愛と平和』だね」と、メールをいただいたときは感激いたしました。

それは、私にとっては有難く、心からの喜び、また励みともなりました。

戦犯を赦すことが平和へのスタートであるとしたキリノ大統領と加納莞蕾。

莞蕾が未来に向けてたどり着いたのが、「世界の子どもが幸せにならなければ、平和はこない」でした。「永遠の平和は次の世代に求め、これを子どもたちに期待せねばならない」と言い続けていた莞蕾の想いを心にとめながら、私の拙文が、子どもたちの生きる道を明るくし、未来の平和が開けることになればと心から願っています。

加納　佳世子

目次

第2章　子どもたちとの時間——私の学び（二〇一七年）

第3章　子どもたちへつながる思い（二〇一八年）

第4章　再会への旅（二〇一九年）

第7章　未来へのバトン（二〇二二年）

第1章

平和への祈り——父の遺言（二〇一六年）

キリノの人道と愛に祝福

二〇一六年二月、夫と私は、フィリピンのキリノ財団からの招待状を受け取りました。フィリピンの第六代大統領エルピディオ・キリノ（一八九〇〜一九五六）がマニラの英雄墓地に移転・埋葬されることになり、その式典への招待でした。式典は、二月二九日、キリノの没後六〇年の日です。私たちにとって、とても大きな意味のある招待状を、心からの喜びで受け取りました。

キリノ元大統領は、没後六〇年経った今、フィリピン国家の英雄として讃えられることになったのです。戦後、彼の大統領としての業績は、公立学校や教員の拡充、戦後の経済復興、また外交政策、そしてロシア難民の受け入れ、日本人戦犯の赦免などです。そして、その政策は、「人道的」であり、「愛」に満ちたものであったとも言われています。

日本との関係では、キリノ大統領が一九五三年(昭和二八)、日本人戦犯に対し特赦を与えたことが、よく知られています。第二次世界大戦のフィリピンでの戦禍の犠牲者は多く、キリノ自身も妻と三人の子どもの命を奪われていました。そのような中で、戦後日本人戦犯を赦すという大統領としての決断は、日本とフィリピンの友好に大きな意味をもつものでした。

キリノ大統領が日本人戦犯を赦免するという声明を発せられた四年前から、何通もの嘆願書を日本から送り続けていたのが、私の父、加納辰夫(雅号・莞蕾)です。辰夫は一九四九年からのキリノ宛ての嘆願書に、「赦し難きを赦す」ことが平和へのスタートであること、「目には目を」では決して平和は訪れないということを繰り返し述べていました。

当時は、フィリピンの中で大統領の決断に対する反論も多かったことでしょう。しかし、亡くなって六〇年経った今、彼の決断は、他の政策と共にフィリピンでは

父の遺影をもって

大きく認められることになったのです。

キリノ元大統領が埋葬されていた墓地では、マニラ市長の挨拶もあり、厳かな音楽と人々の喜びでいっぱいでした。その中でキリノ元大統領のご遺骨は、英雄墓地に向かって出発しました。

日本から来た私たちのためにも、パレードの車は、用意されていました。沿道には多くの市民、子どもたちが並び、キリノに対する祝福でいっぱいの光景がありました。たくさんの子どもたちは、国旗を振り、笑顔で祝福です。ダンスをしている高校生。スーパーの店員さんたちも制服姿で並んでいます。市役所の職員の方たちも、手をふっています。町には、音楽が流れています。消防署の前を通るときは、

キリノ大統領の姪アレリ・キリノさんと私

喜びの放水でした。

英雄墓地に着くとキリノ元大統領の御霊は、音楽隊の曲にあわせて軍隊の人たちによって運ばれて行きました。キリノファミリーと私たちは、そのあとに続きました。

そこには、アキノ大統領はじめ国の要人と思われる方々、もちろん日本大使館の方も見えました。

たくさんの方々のご挨拶の後、音楽が流れ、祝砲が響きました。晴れた空を見上げると、フィリピン航空の旅客機が飛んでいました。そして、そのすぐ後に日本の旅客機が、飛び立っていきました。二つの国の友好が感じられるようでした。澄んだ青空がなんと美しかったことか。そして、私たちのすぐ上のヘリコプターからは祝福の花びらが舞い降りていました。

キリノ元大統領を讃える多くの人たちの喜びの中、私は父の遺影を抱いていました。そして、「お父さんの信じていたキリノ大統領は、やはりすばらしい人でしたよ」と、話しかけました。

涙が頬をつたいました。

（二〇一六・四・二七）

赦すことが平和を導く

二〇一六年六月一八日、東京の日比谷公園に日本政府とフィリピン大使館により、エルピディオ・キリノを讃える「キリノ元大統領顕彰碑」が建立されました。両国の国交回復六〇年ともなり、日本政府から元大統領に対して感謝の意を表したいという意向のようです。

その除幕式にはフィリピンから来日したキリノファミリーの方々とともに、島根からの私どもも招待を受けました。

一九五三年七月六日、フィリピンの六代大統領エルピディオ・キリノは声明を出し、日本人戦犯のすべてを赦《ゆる》しました。フィリピン人たちの反日感情が激しい中での大きな決断でした。キリノ自身、日本兵によって妻と三人の愛児の命を奪われていました。

1943年ごろのキリノ大統領夫妻。整理された莞蕾の書簡の中にあった。当時はキリノ上院議員

その彼の日本人戦犯を赦免の決心は「将来、両国の国民がよき隣人となるために」とする特赦だったのです。

一九四五年に大きな戦争がその幕を閉じた時、多くの人々が心から願ったのは平和でした。画家であった父・加納莞蕾《かんらい》もまた従軍画家の経験から、戦争の悲惨さ、極悪さを思い、その反省に立って生き方を変えた一人でした。

莞蕾は一九四九年、多くの日本人が戦犯としてフィリピンに収監されていることを知り、大統領に対し、これから平和を築くなら「赦されざる者を赦す」というところからしか解決の道はないでしょうと嘆願していきました。フィリピンで、日本海軍の司令官であった方の夫人が莞蕾と同じ布部村(現安来市広瀬町布部)の方だったのが

日比谷公園でのキリノ元大統領顕彰碑除幕式（2016年6月18日）

きっかけでした。莞蕾の嘆願活動は、四年間続き、大統領だけではなく、フィリピンの外務省、大使館、刑務所長、また日本の外務省、マッカーサー元帥、そしてローマ法王（教皇）へも。いろいろなところへ理解を求めるよう書いていました。

莞蕾が嘆願を始めて四年後に大統領は「赦免」したのでした。

キリノ大統領が「赦すことは平和へのスタートである」と、考えたことは、莞蕾と通じるものがあります。そのことをキリノ大統領の孫であるルビー・キリノさんは、「二人の男性の歴史観が共通であった」とおっしゃっています。そして、「その二人の友情によって戦後のフィリピンと日本は癒された関係になった」とも。

莞蕾は書簡の中で大統領に対し、「戦犯を罪人《つみびと》として赦せよ」と訴え続けました。その考え方は、「戦争の罪を自覚し、反省し、懺悔《ざんげ》する人こそ次の世の戦争否定の立場に立つ人であり、平和を築く種子となるべき人であろう」でありました。罪を自覚し、日本に帰ってからは戦争がいかなるものであったかを周りの人たちに伝えるであろうと。

私は、六月一八日の日比谷公園でのキリノ元大統領顕彰碑除幕式の時、ルビー・キリノさんにお会いしました。彼女は私の手をとり、言いました。「キリノ大統領と貴方《あなた》のお父さんは天国で非常に喜んでいると確信します。そしてその子どもや孫たちが天国の彼らの話をし続け、受け継いだものを共有していることを見守り、楽しんでいることでしょう」と。

歴史の流れの中で私たちは生きています。平和を築こうとする歴史観をしっかりと持ち、そのことを次世代につないでいかねばならないと思っています。

（二〇一六・六・二六）

平和への私たちの課題は

父加納莞蕾《かんらい》（本名辰夫）のアルバムに二人の男性が握手をしている写真が残っていました。どちらも笑顔です。写真には「元大統領エルピディオ・キリノとその家族と共に　帝国ホテルにて　一九五五・六・八　加納辰夫」と書いてあります。

それは二人の関係を象徴しているかのようです。今から六〇年前のこの写真を手にした時、私はこの写真の意味をもう一度考えたいと思いました。

私がキリノ大統領の孫にあたるルビーさん、コリーさんを知ったのは一年半ほど前のことです。ルビー・キリノさんは、一九四九年からフィリピンに向けて送り続けた加納の嘆願書を読んで「素晴らしい文章です。大統領はこの嘆願者の影響を受

キリノ元大統領と握手する莞蕾

けないはずはないでしょう」と言われました。またコリー・キリノさんは「キリノ大統領に赦《ゆる》す勇気を持つよう嘆願したのは加納であった」と、キリノ大統領生誕一二五周年の式典のスピーチの中で、お話しくださいました。

加納の主張は「戦争は多くの人たちを残虐な行為に走らせ、多くの罪を犯させてきた。われわれはその罪は罪として認識せねばならない。しかし大統領が罪人《つみびと》を解放したならば、彼らのその後は戦争否定の立場で生きていくことになるであろう。そのために解放が必要なのである。赦すことは未来の平和を築く第一歩なのである」。そして、大統領に対してあなたの心の中に「赦し難きを赦すという奇跡を起こしてください」と。

そうした中で二人の平和に向けての考えは一致したのです。大統領は「よもや私が赦すと思わなかった」と言い、「憎しみの連鎖は避けなければ平和は望めない」と声明の中で発したのです。

加納は大統領の特赦の後、言い続けておりました。「キリノが日本に何を求めたかを考えねばならない。平和を築く教訓がその中にあるんだ」「われわれ日本人は、彼に課題を与えられたのだ」と。

加納の出身地、布部（現安来市広瀬町布部）に美術館があります。私どもはその玄関わきに「平和友好の碑」を造ろうと思いたちました。国境を越えた人同士、手を差し伸べあって笑顔でいる写真をモチーフにした記念碑です。この瞬間こそ国と国との友好のスタートだと思ったからです。

記念碑は一〇月二三日に完成予定で除幕式をいたします。戦後七一年、日比国交回復六一年を迎えます。いま一度平和について考えたいと思います。日比の友好はどこからスタートしたのか、また今、私たちはどうつなげていけばよいだろうか。そしてそのことの中にもっと世界の平和を築いていく教訓が秘められているのではないだろうか、皆で考えていきたいものです。

六〇年前の二人の男性の姿の「写真（記念碑）」から未来に向けての私たちの課題を見つけられたらと思っています。

（二〇一六・九・二〇）

国境越えた友情、後世へ

二〇一六年一〇月二三日（日）は「加納莞蕾《かんらい》とエルピディオ・キリノ平和友好の碑」の除幕式。多くの方々のご理解とご支援により、加納美術館前に「碑」が出来上がりました。私たちは、できるだけ多くの方に「碑」の意味をわかっていただくことが莞蕾とキリノの平和思想を広め、次に伝えることであると思っていました。

私がキリノファミリーの方々と親しくなったのは昨年の五月。そして、一一月にフィリピン訪問をしました。その時、キリノファミリーの人たちは、

「今は、フィリピンと日本の関係はとても良いです。それはキリノと莞蕾二人の男性の友情によるものでしょう」と言ってくださいました。私たちは二人の友情と世界の平和をテーマとした記念碑を作り、未来に向けてその思いを伝えようと思い、

友好の碑除幕式

「友好の碑」建設となりました。

フィリピンからはタギャン総領事、キリノファミリー八人を迎えました。フィリピンからこの島根に来られるのは初めてとのことでした。加納美術館にいつもキリノ元大統領のことが顕彰されていることに驚き、感激されていました。

顕彰碑建立実行委員会会長、安来市長、フィリピン総領事……と挨拶が続き、そのあと挨拶に立ったキリノ元大統領の孫のエディ・キリノさんは両国の友好を讃え、そのことは「キリノの愛と寛容、忍耐、国際融和の精神」によるものだと話をされました。そして、「日本から書簡を送り続けた莞蕾とキリノ、二人の男性の友情を私たちは大切にし、二人の思想を我々はともに持ち続けたい」とスピーチをされました。

そして除幕。莞蕾は「永遠の平和は、次世代に求め、子どもに期待せねばならぬ」と残しています。除幕には子どもたちも登場しました。式の最後には世界の子どもたちが歌う「しあわせなら手をたたこう」をみんなで歌いました。

安部朱美さんの祈り人形

式の間、雨は降ったりやんだり、時に大雨になったりもしました。しかし莞蕾とキリノの国境を越えての平和思想をつないでいく決意を述べ合っているわれわれにはもう雨の音は気にならないものとなっていました。

そしてこの除幕式で大きな感激だったのは、この夏、加納美術館で人形展をしてくださった人形作家の安部朱美さん（米子市在住）が、素晴らしいお人形をプレゼントしてくださったことです。人形のタイトルは、「平和への祈り」。この日のために作ってくださったもので、日本兵に殺されたというキリノ元大統領の夫人アリシアと三人の子どもたちの天使の姿。すばらしいものでした。人形の登場で、式典にはまたまた温かく優しい空気が流れました。

美術館に莞蕾の「愛」の書があります。右横のタイトルはHumanityとしています。キリノと莞蕾とそして安部さんの人形の中にHumanityが強く感じられます。皆さんとともに平和への大きな一歩を踏み出した一日となりました。

フィリピンからのお客様は、その翌日、近くの布部小学校、広瀬中学校を訪問され、交歓会に臨まれました。小学生も中学生もフィリピンからのお客様を「ようこそ」とお迎えし、歌やことばで歓迎しました。中学生は、英語で歓迎のことばを述べました。子どもたちは、フィリピンをま近に感じ、またフィリピンの方々は、日本を親しく思われたに違いありません。

なごやかな交流の二日間となりました。

（二〇一六・一〇・三〇）

子のまなざし　明るい未来

二〇一六年、私は、フィリピンと日本で、中・高生にお話をする機会に恵まれました。

その年の一一月、フィリピンを訪問した私は、マニラ日本人学校で「フィリピンと日本～キリノ大統領と加納莞蕾～」の話をすることになっていました。当日、七〇人の中学生は、私が日本から来たということもあったからでしょう。とても人なつっこく、明るい笑顔で、私を迎えてくれました。

厳しい戦争の時代は、彼らにとってはもう随分前のことでしょうに、一時間の話を非常に興味をもって聞いていました。二つの国をつなごうとする人物の話は、彼らにとってとても関心のある話だったからなのでしょう。

日本人学校の生徒には、両親とも日本人という子もいれば、フィリピン人と日本人の両親を持つ子もいました。一人の男の子が私に言いました。

「フィリピンと日本の関係がよくなったから今、僕たちがいるんですよね。キリノ大統領や莞蕾さんがいなければ、僕たちは今いないかも」

その言葉に私は、思わず胸がいっぱいになりました。

生徒たちは、

「国と国の友好を築く話はうれしかった」

「両国の懸け橋になりたい」

と言っていました。子どもたちの真剣なまなざしに私は、明るい未来が見えるような気がしていました。

翌日は朝早く、キリノ大統領生誕一二六周年の式典に参列しお祈りをしました。マニラの空は限りなく青く美しく、私たちを包みこんでいるようでした。それから、キリノファミリーのアレリ・キリノさんが、マニラの高校に案内して下さいました。私たちは、高校生たちの明るい歌や言葉で歓迎を受け、その学校でも私はス

マニラの日本人学校で話をする

ピーチをさせていただきました。彼らはかつての偉大な大統領キリノを誇りに思い、加納莞蕾を通じ、また両国の平和への実感を持ったようでした。

帰国して間もなく、今度は安来市内の中学生たちと語り合う機会に恵まれました。

中学校道徳副読本「島根の道徳」で『赦《ゆる》しがたきを赦す』（加納莞蕾とキリノ大統領の平和と友好をテーマとした話）を勉強してきた市内の中学生が美術館で確かめの学習をすることになり、来館です。私は実際に莞蕾の絵の前で、戦中、戦後と歩んだ道や莞蕾の平和思想を話します。

莞蕾は、晩年、「永遠の平和は次の世代に求め、それを子どもたちに期待せねばならぬ」と残して

安来市内の小学生に話をする（安来市加納美術館で）

います。私は、次の世代の子どもたちが、莞蕾やキリノの思いを理解し、平和に向けて積極的に行動できるようにと心から願いながら話しました。「明日、戦争になれば今は戦前ですよ。戦後はいつまでも続かなければなりません」と。

また、近隣の小学校二校ではこの秋、学習発表会で五、六年生が平和を求め続けた莞蕾の劇をしていました。私は劇をみながら、子どもたちが平和を願うメッセージを伝えようとする姿勢に涙していました。

莞蕾は「私の成してきたことは個人的なことであったように思う。このことは今後、公のこととならなければならない」とも残しています。一人ひとりの子どもたちにとって、平和の実現は国を超えて達成すべき課題なのだと心から思いました。

（二〇一六・一二・一一）

第2章

子どもたちとの時間──私の学び（二〇一七年）

子どもに諭す　許しの法則

私は以前、大阪府吹田市の小学校に勤めていました。二年生の担任をしていた時のことです。いつも校舎の周りでお仕事をされている校務員さんが、ある日の放課後、

「先生、カブトムシの幼虫いるかね?」

と教室に持って来てくださいました。見るとカブトムシの幼虫が、何匹も。

校務員さんと子どもたちは、いつも声を掛け合って、とても仲良しなのです。

「ありがとうございます。子どもたちもきっと喜びます」

と翌日の朝の喜ぶ子どもたちの笑顔を想像して、私もとてもうれしくなってしまいました。

翌朝、想像通り、子どもたちは大喜びでした。理科室から水槽を借りてきて入れていたので、幼虫が土の中にいる様子も見えたりして、みんな楽しそうでした。

数日後のこと、

「うわーっ、やった！　カブトムシになってるぅ」

と成虫をみて大喜びの子どもたち。

それからの教室は、どうやって飼うのが良いかとか、オスとメスはどうなのか、どんな種類があるのかなど、カブトムシの話で盛り上がっていました。

Nちゃんが、「夏の図鑑」という可愛い本を持ってきてくれたのは、みんなの話がカブトムシ一色になっていた頃でした。朝から触ったり、自分たちの家族のように名前をつけたりしている子どもたちです。Nちゃんの図鑑は大人気でした。

「○○君ばかり、本見てる」

「見せてくれない」

などともめたりすると、クラスの中では、話し合いをして解決しなければなりません。日頃、おとなしいNちゃんはそんな友達の中でうれしそうでした。

そんなある日、Nちゃんが、泣きながら私の所に来たのです。

「先生……。ない」

「どうしたん？　何がないの？」

「……図鑑」

二年一組の大事件です。早速みんなで話し合い。とにかく探そうということになり、しばらく図鑑探しをしました。廊下、窓の外、運動場など。他のクラスに行って
「こんな図鑑知りませんかぁ」

とたずねている子どももいました。


なんと、その本がトイレのそばの水道の所で見つかりました。びしょぬれでした。涙の止まらないNちゃん。しかもその本は破られていたのです。実は、その本の破られているページに、ヘラクレスという大きな種類のカブトムシの絵が載っていたのに私は気付いていました。

子どもたちに私は、

「今、Nちゃんの気持ちの分かる人」

と聞くとみんな手を挙げています。

「Nちゃん、みんながNちゃんの気持ち分かってるよ。もしかして今、一番かわいそうな人はいたずらした人かもしれないね。今、その人は『大変なことをした』と後悔してるよ。きっと。お友達もないよ。反対にNちゃんは、昨日よりお友達がたくさんになったね」

子どもたちは優しいです。

「Nちゃん、泣かんとき。みんな味方だよ」

「みんな、ありがとう」と泣きながらのNちゃん。


放課後、私はNちゃんが家に帰りつく前に、お母さんに図鑑が見えなくなったことなどの事情の電話をしました。お母さんは、

「いじめられているのでしょうか」

と心配そうです。私は自信を持って、

「それはないです」

と言いました。

翌朝、Nちゃんのお母さんから手紙が来ました。

「昨日は、帰ってくるなり報告してくれました。私がどうなぐさめようかと思っているうちに『お母さん、Nね、お友達がいっぱいだよ。今日ね、約束してん。遊んでくる』と、すぐに家を出て行きました。外に行って遊ぶことの少ない子ですのにビックリしました。先生が失った図鑑よりもっともっと大きい解決をしてくださったこと本当にうれしく思っています。ありがとうございました」

数日後、「ヘラクレスの絵が欲しかったから」と一人の男の子が涙を浮かべて名乗り出てくれました。私は彼の肩を抱きました。

罪を感じた子どもも、責められるより許された方がしっかりと反省できること——。考えてみると、この解決法も「平和な未来に向かうキリノ（元フィリピン大統領）と加納莞蕾の平和への道への赦しの法則」かもしれないと思えました。
今でもあの時の、可愛い子どもたちの笑顔を思い出します。

（二〇一七・二・一二）

Tちゃんのおみやげ言葉

名残雪のなか、大阪から二人のお客さんがありました。

「せんせ～」

の声は、見違えるほど大きくなったTちゃんとお母さんです。私はうれしいやら懐かしいやらで胸がいっぱい。はやるきもちの中で、懐かしい話やこれからの夢を語るうれしいひとときを持つことができました。

かつて私は、大阪府吹田市の小学校で一年生のTちゃんの担任でした。彼は自分を「Tちゃん」と言うのでクラスのみんながその愛称で呼んでいました。今思うとその愛称は実にぴったりだったと思うほど愛らしい男の子でした。

一年生は、生活科で一学期に朝顔を育て、観察します。

「朝と帰りにペットボトルの水を朝顔さんにあげようね」

を、私は、子どもたちとの約束にしていました。毎日、その約束どおり朝顔に声をかけ、水やりをしていたTちゃん。朝顔に声掛けをしながら毎日のお水やりです。雨の日でも欠かしません。授業中に雨が降ってくると落ち着かなくなり、Tちゃんは、朝顔のそばに行き、傘を差して話しかけていました。

「Tちゃん、お勉強だよ。入っておいで～」

「でも……。朝顔が濡れるもん」

Tちゃんにとって、朝顔はすっかり大事なお友達のようでした。自分の水やりの水は朝顔にとってはうれしい水で、雨は迷惑な水と思えたのかもしれません。

Tちゃんは輝くような子どもらしさを持っていました。


そして、これも忘れられないこと。

冬を迎え、ある雪の日のことです。朝から真っ白、雪景色でみんな大喜び、大興奮でした。私は朝の時間をサービスして、みんなの雪遊びの時間にしました。Tちゃんはあちこちから雪を集めて可愛い雪だるまを作っていました。

「僕ね、お勉強するとこ、雪だるまの『ゆきちゃん』に見ててもらうねん」

と、実にうれしそうです。教室に入ると机の端に下敷きを置き、その上に「ゆきちゃん」を。そして、張り切って勉強を始めました。

「Tちゃん、溶けちゃうよ」

という友達のアドバイスにも、

「だ・い・じょ・う・ぶ！」

と自信いっぱいのTちゃん。しかし、しばらくすると……。

「せんせ〜い！　ゆきちゃんが〜」

と泣き声になったTちゃんでした。


Tちゃんとのたくさんの思い出は、そのすべてが自然に対する素直さだったように思います。彼の日々は自然との一体感の中にあり、子どもが育っていく中で忘れてはならない大事なものがひそんでいるようでした。私は、Tちゃんと接する中で「待ってみよう」「様子を見てからの声かけを」という教育の一端を教わったように思います。

Tちゃんは友達が泣いたり、独りぼっちでいたりすると自分も落ち着かなくなる優しさがあり、人が生きていくうえでの関わりの素晴らしさをあふれるほど持っていました。

「先生、この子は今年成人式でした。今、大学生です。小学校の先生になりたくて勉強中なんですよ」と、お母さん。笑顔のTちゃんは、

「せんせ、ぼく、先生みたいな先生になりたいねん」

一四年ぶりの出会いでしたが、Tちゃんのその言葉は私にとってほんとうにうれしいおみやげの言葉となりました。

（二〇一七・三・一九）

遠足延期、いいこと探せば

大阪で小学校一年生を担任した時の話です。

秋のうれしい遠足は動物園。

「あと何日」

と数えながら、一年生のみんなはその日をとても楽しみに待っていました。待ちに待った遠足の日です。なんと朝早くから大雨です。残念でたまらないみんなです。雨を眺めながら、まったく勉強にも集中できません。

そして、遠足は予備日に延期。ところがその日も、なんとまた大雨。子どもたちは空を仰ぎながら口々に空の神様に嘆きの言葉です。

三回目の遠足予定日。今にも降り出しそうな空です。天気予報は雨。

「今日も行けないね」

と中止を告げると、子どもたちは一斉に、

「これくらいならいけるでしょ」

「ねぇ行こうよ」

とぶつぶつ言いながらとても不機嫌で、全くお勉強にもならないぐらいです。しかし雨が降り始めるとやっと諦めた様子のみんなでした。

私は、子どもたちに、

「遠足が延びちゃって残念だねぇ。先生も悲しいよ。でもね、延びちゃっていいことって何かないかなあ?」と問いかけました。

すると次々と子どもたちの考えが出てきます。

「もう一回、お弁当食べられる」

「雨やったら動物もうれしくないと思うから、僕らが見に行っても楽しくないかもしれない」

ライオン

シロクマ

ゾウ

「そうや。動物も家の中に入って出てきてくれんかもしれん」

そんな時、T君が、

「そうや、みんな、遠足が延びたらA君が行けるようになるかもしれん」

「ほんまやあ」

「僕の思ってんのとおんなじや～」

「いま、言おうと思ってた～」

教室の中がいっぺんに明るくなりました。

遠足を楽しむ子どもたち

A君は足にけがをして大きな手術をし、しばらくお休みしていました。サッカーが大好きで元気なA君のことを、みんな毎日心配していました。遠足が延びたら入院中のA君の足が良くなって来られるようになるかもしれないという子どもたちの発想。私は驚き、胸が熱くなりました。

そして四回目の遠足予定の日。うれしい快晴です。遠足のシーズンが終わった動物園は、とてもゆったりとしていました。何となく動物たちもゆっくりとしていて、子どもたちを迎えてくれているようでした。もちろんA君は、お医者様の許しをもらってみんなと一緒に楽しむことができました。A君を囲んで大喜びの子どもたちでした。お弁当時間の楽しかったこと。

以前、友人が言っていた言葉を私はいつも思い出します。「どっちに転んでもシメタと思え。何事があっても悲観するな、探してみるとどこかにシメタと思えることがあるはずだ」

私は子どもたちといつも『いいこと見つけ』をしていました。子どもたちのいいこと見つけは大人顔負けです。いつもとても上手でした。

（二〇一七・四・三〇）

お誕生日、誰もが主人公に

私の年になっても年に一度の「お誕生日おめでとう！」の言葉はうれしいものです。ましてや子どもたちはお誕生日を迎えるのが大好き。大阪で小学校勤務をしていた頃のことです。

お誕生日の「おめでとう」は自分だけのもの。まわりの人が自分のためだけに「おめでとう」と言ってくれるのです。その日は主人公。まわりの人に自分の存在をはっきりと感じてもらえる日なのです。私は、どの学年の担任をしている時でも、子どもたち一人ひとりのこの日を大事にしようと思っていました。

私は学級通信を書いていました。その中で、子どもたちの誕生日が近くなるとおうちの人に「お誕生メッセージ」を書いてもらっていました。通信に、子どもの写真とおうちの人からのメッセージ、そして私からの一言を載せます。家庭でも読んでもらうので、おうちの人にクラスの友だちの名前を覚えてもらえます。

お誕生日が近くなると、子どもに「メッセージをお願いします」という依頼文と用紙を渡します。「お願いね」と渡す時には、もう主人公になる第一段階で、とってもうれしそうです。それぞれの家庭にはいろいろな事情もあります。ですからもちろん、あらかじめおうちの方にはお願いしてありました。

お誕生日の朝、私はできあがった学級通信を配ります。もう待ちきれない様子の本人はその時、みんなの前に立っています。メッセージを読んでおめでとうの歌を歌って、みんなからのプレゼント。おめでとうのお手紙つきのプレゼントは、それぞれの手作りのものです。

おうちの人からのメッセージを私が読み上げるのですが、その時の子どもの顔って最高にすてきです。〝生まれてきてくれてありがとう〟〝あなたが生まれてくるのをみんながどんなに待っていたか〟〝あなたはみんなの宝物よ〟〝あなたの名前の意

鉄棒であそぶ子どもたち

味は……〃本当に素晴らしい言葉がたくさんありました。

クラスのみんなから「おめでとう」と言われ、照れくさそうで幸せいっぱいのその日の主人公の顔を見るのは本当にいいものです。低学年の時は、担任のわたしの抱っこプレゼントまであります。給食の時にはクラスみんなで牛乳で乾杯しました。

みんなから祝福されていると実感し、生まれてよかったという気持ちを味わうのはとても大切なことだと思います。家族の中で、クラスの中で、主人公になれる日、生きている存在感を一番味わえる日、それが誕生日なのです。誕生日は、誰にでも「公平」に訪れるのです。

子どもたちの晴れやかな顔を見ていると、私の年でも誕生日はとても大事な日に思え、この世に産んでくれた親に感謝したい気持ちになるのです。

一人ひとりのお誕生メッセージは、その一年が終わる頃には保護者の方たちが、お互い、読んでくださっていて、子どもたちへの理解に大きな役割を果たしたようです。保護者の皆さんもとても仲良くなったというすてきな副産物もありました。

（二〇一七・六・一一）

「おかあさんの木」の授業

平和を考える八月になりました。二年前、フェイスブックを始めた頃のこと。メッセージの中にNちゃんの名前がありました。

「先生、おはようございます。Nです。明日から映画『おかあさんの木』が公開されるってテレビやラジオで紹介されています。そのたびに先生の国語の授業を思いだします。あの頃、お話の続きが気になって『おかあさんの木』の授業が楽しみでした。戦争について考えましたね」

びっくりしました。フェイスブックで私の名前を見つけてくれたのだそうです。

Nちゃんは、確かもう四四歳。その頃、「おかあさんの木」は小学五年生の国語の教材でした。児童文学作家の大川悦生が一九六九年に発表した戦争を題材にした文学作品です。私は長く教職にいましたが、五年生を担任した時には、この作品を丁寧に扱いたいといつも思っていました。日中戦争を皮切りに七人の息子を次々と戦争に送るお母さんの話です。息子が出征するたびに、お母さんは裏の空き地にキリの木を植えます。キリの木は七本になるのです。お母さんは毎日水をやりながら木に語りかけるのですが、お母さんの言葉は長男一郎の戦死の知らせの時から変わってくるのです。「手柄を立ててておくれや」から「手柄は立てんでもいいから元気でいておくれ」と。

お母さんの気持ちが変わっていく様子を子どもたちと学んでいきました。子どもたちには、翌日の授業部分をプリントして下校時に配ります。「明日までに読んできてね。思ったことがあったら横に線を引いて書いておいてね」と。授業では、自分の思ったことと友達が考えたことが同じだったら喜び合い、違いがあると議論し合う。なかなか興味深く、真剣な授業ができました。

三〇年ほども前に担任していたNちゃんがその授業のことを覚えていてくれると

は、驚きでありとてもうれしいことでした。

私は、封切りの翌日、映画『おかあさんの木』を見に行きました。その映画は戦後七〇年ということで制作されたようでした。原作と少し違っているところもありましたが、映画を見ながら、あの頃、私が子どもたちに伝えたかったのはこのことだったと改めて思いました。そしてあふれる涙ってしょっぱいものだと久しぶりに感じました。

6年生は、広島修学旅行

そしてその時、また思いだしました。子どもたちが六年生になって、広島への修学旅行を終えた時、ひとりの男の子が作文の最後に書いていたことを。

「僕は、大人になって親になったら自分の子どもを必ず広島に連れて行きます」

私たち教師は子どもたちに三〇年後にどんな大人になってほしいかを求めていたのだと改めて思いました。

Nちゃんのメールから、当時の子どもたちの一人ひとりのことが懐かしく思い起こされてきました。

今、彼ら彼女らはどんなお父さんお母さんになっているのでしょう。そして平和を考える八月はどう過ごしているのでしょうか。


（二〇一七・八・二〇）

ＬＩＮＥで教え子と交流

この「元気力」の前回の記事『おかあさんの木』の授業」が出て、間もなくのこと、またまたとてもびっくりするようなことがありました。島根版の記事がなんと、知り合いをつたって、栃木県にいる元教え子のＹちゃんの目に留まったのです。

「先生！　Ｙです。新聞読みました。先生があの授業をしたクラスは、私たち五年二組ですよね。すぐわかりましたよ」と。

それはそれは、大きな驚きと感激の私でした。島根県から栃木県まで伝わったのです。

彼女は、すぐに「先生、ＬＩＮＥ（無料通信アプリ）に招待しま〜す」。翌日には一四人でＬＩＮＥです。ＬＩＮＥをしていない人にも分かる限り伝えたようです。

「先生〜。Tで〜す。よろしくおねがいしまーす」

に始まり、懐かしい名前が続きました。

「『おかあさんの木』の授業覚えてるか?」

に始まり、近況報告もありました。

「細かい内容は覚えてないんですが、毎日先生が配ってくれるプリントが待ちきれないぐらい楽しみだったし、疑問に思うところを次の日に話し合うあの時間がとても面白かった」

「授業は真面目に受けてたと思ってましたが、記憶が……」

「思いだしましたあ」

「『おかあさんの木』の本買ったよ」

「図書館で借りました」

「僕が覚えてるのは、先生のうちに遊びにいったことだよ」

「先生の授業もう一度受けたい」

なんと、スマホの中で、にぎやかな会話が続きました。

そんな中で、

「わたしも授業してみます」

というメッセージがありました。今、教師になっている女の子。ちょうど五年生の担任だそうです。

なんとも楽しいメッセージ交換になりました。一人ひとりのあの頃の顔を思い浮かべながら、私はうれしく懐かしく、はやる気持ちを抑えきれないほどでした。彼ら彼女らは、いま四四歳です。

ＬＩＮＥ上で当時のことにも話が膨らみます。五年生とか六年生の子どもがいる子もおり、「子どもと一緒に読んでみたい」というメッセージもありました。

三〇年前はスマートフォンどころか携帯電話もありませんでした。それが今、三〇年前のクラスの子どもたちとつながることができるなんて考えてもいませんでした。夢のような出来事が私に訪れたのです。

こんなメッセージもありました。

「あの授業の時間は、先生にとっても大事な時間だったのですね」

「大人になって親になり、いま読めば違う感情で受け止めるでしょうね」そうです。教育は、三〇年後に子どもたちが、どういう大人になっているかなんですと、私は、一人でうなずいてました。

私の中には、あの頃の子どもたちの顔が次々と浮かんできます。そして教室の様子、運動場での様子と懐かしい日々を追う私です。

今もＬＩＮＥは続いています。働き盛りの彼らからは、どこに出張しているとか、おいしいビールを飲んでいるとか、自分の子どもの様子などが送られてきます。

便利な世の中になっていいことがあるのですから長生きはしたいものです。今また「おかあさんの木」を読み返してくれる子どもたちに心からの感謝です。ともに平和を願いながら。

（二〇一七・九・二五）

車いすで運動会、皆で工夫

大阪での小学校教師時代のこと。二学期も始まり、二年一組のみんなは運動会に向けて張り切っていました。

クラスには、心臓にハンディを持つMちゃんがいました。彼女は何でも意欲満々なのですが、たくさん歩くことができず、移動は車いすでした。車いすの後ろには酸素ボンベを携帯しており、酸素のチューブを離すことはできません。

体育の時間は見学が多いMちゃんですが、運動会はどんな風に参加するのかみんな心配していました。

二年生の団体競技は五クラス対抗の「おみこしワッショイ」です。段ボールの箱をおみこしに見立ててその中にボールを四個入れて運びます。箱の下には竹ざおが二本ついていて、四人一組となり引き継ぎながらリレーするものです。

クラスは三三人でした。

「みんなに相談です。先生の話、聞いてくれる?」

「なになに?」

「おみこしワッショイだけど、四人組でするでしょ。このクラスは一人余るからMちゃんに見学してもらおうか。Mちゃん、車いすでおみこし担ぐの無理だから。ねぇ、どうしよう」

みんなびっくりした様子でした。まずI君が「あかん、そんなことできない!」と言いました。涙ぐんで「Mちゃんもみんなと一緒に出たいと思う」。うなずくMちゃん。私はじっと聞いていました。真剣に話し合うみんなでした。

車いすの高さを測ったり竹ざおの持ち方を工夫したり。竹ざおにひもをつけて車いすをつなぐ「設計図」を描いたグループもありました。話し合いの結果、K君がMちゃんの代わりに竹ざおを持ち、Mちゃんは竹ざおにつけたひもを持ち、Y君が

待ちに待った楽しい運動会

Mちゃんの車いすを押すことになりました。

　運動会が終わり、あるお母さんからの連絡帳です。

「息子の言葉です。『僕らのクラスは三三人やから四人でおみこしを担ぐのに一人はみでてしまうから先生がMちゃんにやめといてもらおうかっていじわるゆってんで。だからみんなで怒って反対してん。だって全員でするのが楽しいし。他の組に負けたかてMちゃんも一緒にする方が絶対楽しいやん』と得意そうに教えてくれました」

　他の女の子たちも「せんせ、あんなこ

と言うたらあかん。みんなが楽しいのが運動会やねんから。みんな一生懸命考えてんから」

私は子どもたちの思いやりの膨らみを感じて胸が熱くなりました。

「あれは意地悪やなかったんですよ」と、私は心の中で独り言を言っていました。支援学級の先生はMちゃんの車いすを押すことなく運動会を終え、「子どもたちの力ってすごいね」と言ってくださいました。

彼らは今二〇歳。友達と一緒に考え、力を合わせられる人になっているだろうと思っています。

（二〇一七・一一・二六）

第3章

子どもたちへつながる思い（二〇一八年）

――ウサギのチロ、宝をくれた

大阪府吹田市での教職時代。四月、その年の私は六年生の担任となりました。それは、とても元気のよいクラスでした。

思春期に入ろうとする子どもたちの学級づくりについて教師仲間と話していたとき、「教室に生き物がいるのがいいかも」ということになりました。ある人は植木鉢の花をたくさん教室に置くことにしたようです。

私は、メダカを飼ってみようと思いました。早速、ペットショップにメダカを買いに行きました。支払いをしようとしたとき、足元にかわいい子ウサギが。私はあまりの可愛さにメダカと一緒にその子ウサギも買ってしまいました。

翌日、子ウサギは六年一組の仲間入り。大喜びのみんなは早速、名前を考え、「チロ」となりました。誰かが出席簿の最後の欄に転入生としてチロの名も書きこんでいました。

チロのケージの掃除を誰がするか当番を決めよう、という意見もありましたが、私は当番は決めません。

「休み時間に先生がしておくからね」

と言って、二〇分の休み時間に私が掃除をしていました。

しばらくそうしていると一人の女の子が必ず手伝ってくれるようになりました。彼女はおとなしい方で、休み時間も一人で過ごすことが多かったのです。ケージの掃除をしながら彼女と私は話をします。実は、私も彼女とずっと話がしたかったのです。思わぬ収穫があるものです。日頃、おとなしい彼女としっかりお話ができるようになりました。

「チロが驚くから大きな声は出さんとこ。教室では静かにしよう」

とか、

チロ

「授業に集中しなかったら先生がチロを返してしまうかも知れないぞ」

と言う子もいて、ウサギの存在はおもしろいものでした。いつの間にか、誰がということもなくチロの部屋は、いつもきれいになっていました。そしてチロはいつも誰かに抱っこされているのです。

子どもたちの世界はけんかをしたり仲間外れをしたりと、日頃は厳しいものがあります。しかしチロの前ではみんないい顔で、優しく穏やかなのです。

そして、また見えてきたことは……。

チロにまず積極的に触れていく子ども。少し遠慮がちの子どもはその次です。なかなか触れられないのが第三の子どもたちです。担任の私には、子どもたちの集団がよく見えてきました。そんな子どもたちも日ごとにチロとともにとても仲の良いクラスになっていました。

土日はカゴに入れて私の自宅へ持って帰りました。が、そのうち、希望の家庭にお泊まりもするようになりました。もちろんおうちの人の承諾が必要です。「チロノート」という日記帳を作り、餌と一緒にカゴに入れて帰る子はとてもうれしそうでした。おうちでもきょうだいたちが待っていて、チロはクラスの外でもかわいがられるようになりました。

夏休みもショートステイをしました。回るおうちの順番を決め、引き継ぎの約束事もあり、みんなでチームワークよくできました。チロは、子どもたちだけでなく、おうちの方のつながりにも大きな役目を果たしたようです。

小さなチロは、六年一組のみんなに大きな宝物を持ってきてくれました。もちろん、あのメダカたちもたくさんの赤ちゃんが育ちました。


（二〇一八・一・二二）

みんなの心つないだチロ

前回のチロの話の続きです。一二月半ばのある日、体育が終わってみんなは教室に。私も着替えをしようと急いでいると廊下の向こうから、

「せんせ～！　せんせ～！　大変や！」と男の子たちが走ってきます。

「チロの赤ちゃんがいる～！」。驚いた私もすぐに教室に急ぎました。

みんなが、運動場で体育をしている間にチロは四匹の赤ちゃんを産んでいました。

「チロ、がんばったなぁ！」

とケージの周りを囲む子どもたち。涙ぐんでいる子もいます。

考えてみると……。ひと月前の修学旅行の時、チロをWちゃんの家に預けたのです。チロが教室に来てしばらくたったころ、Wちゃんの家でもウサギを飼い始めた

のです。修学旅行の間は、「いいですよ。お預かりしますよ」と、言ってくださっていたのです。

「Wちゃんの家で、いい子にしとけよ」

などと言って、修学旅行前日は、すっかり保護者気分の子どもたちでした。

私は、赤ちゃんのお父さんはWちゃんのおうちで飼っている「ライ」だと気が付きました。子どもたちにその話もしました。

四匹の赤ちゃんウサギ

ウサギの子育ては人目がある場所ではうまくいかないことを私は知っていました。チロから赤ちゃんを離し、授乳の時だけそばに連れていくことにしました。授乳は、朝、二〇分休み、昼、放課後と午後八時と午前〇時です。夜の授乳のために私は毎日チロと赤ちゃんを自宅に連れて帰りました。

中央に私の写真を入れてくださったタペストリー、上部にはクラスの子どもたちの顔写真が並んでいる

朝、学校に行くと門のところにもうお迎えの子どもがいます。子ウサギが少しずつ大きくなっていくのはとてもかわいいものでした。保健室に行って体重をはかり、グラフに書いたり、もちろん名前も学級会で相談しました。

子ウサギが少し大きくなったころ、卒業の日を迎えました。

卒業式の日。式が終わると卒業生は先に教室へ。担任は、保護者の方に挨拶をし、一足遅れて教室に。そこで、私が見たのは、黒板に留めてある子どもたちとお母さんたちが作ったタペストリーでした。子どもたち一人ひとりの写真とメッセージ、チロと子ウサギもいました。涙、涙の私は最後の話もしっかりできないくらいで、「卒業おめでとう!! 強く生きていこう。先生はいつでも味方だよ」と話すのがやっとでした。

卒業生を送る門のところで一人のお母さんが「先生！『たかがウサギ、されどウサギ』ですね」と涙でおっしゃったことを覚えています。「やさしい、いいクラスになりましたね」と。

子どもたちは中学生になり、私は次の学校へ。チロはMちゃんの家族の一員となりました。少し大きくなった四匹の子ウサギは、学級会で話し合い、クラスみんなの納得で四人の子どもたちの家にそれぞれ引き取られました。

二年ほど経った頃、「先生、チロ死んじゃった」と、Mちゃんからメール。私は急いでかけつけました。学校帰りの女の子たちや男の子たちが涙を流し「ありがとな」と言いながらチロをなでていました。お母さんたちも集まってきました。誰かが「せんせ、チロがみんなを集めてくれてる」と言いました。チロは子どもたちの優しさを引き出す天才でした。

チロが心をつないでくれた子どもたちは三〇歳の今でも仲良しです。お母さんたちも仲が良く、チロは生きているもの同士がつながることの大切さを教えてくれたかわいい存在でした。「たかがウサギ、されどウサギ」。私はこの言葉をチロへの感謝と共に忘れることはありません。

（二〇一八・二・二六）

心に残る「小さな卒業式」

　先日、私は、出身地安来市内の母校の小学校の卒業式に参列しました。五人の卒業生は、緊張感の中でとても輝いていました。一人ひとり自分の思いを述べた言葉は、それぞれの未来への広がりを感じ、感動的でした。私もなつかしい校歌を、在校生とともに歌いながら卒業生への思いを熱くしていました。

　私は、長く大阪で教職にいましたので、卒業式はたくさん経験してきました。いつの卒業式も感極まるものがあるものです。その中でも二〇年も前の「小さな卒業式」のことを私は、忘れることはありません。

それは、卒業式を終えて会場の片付けもすっかり終わった午後のことでした。一人の先生が、

「Hちゃんです！　Hちゃんが来ました！」

と大きな声で叫んだのです。学期末の仕事をしていた私たちは誰が声をかけるでもなく一斉に動き始めました。

卒業式には来られなかったHちゃんとお母さんが、友達三人とそのお母さんと共にやってきました。片づけていた『卒業式式場』の看板を玄関に出し、校長室が急きょ卒業式式場になりました。当日司会だった先生が、校長室の前で「卒業生入場！」と、言いました。そばにいた男の先生が入場の音楽を大きな声で歌います。彼の目は涙でいっぱいでした。校長室での小さな卒業式が始まりました。

担任の女の先生は、遅れてでもHちゃんが卒業式に来るのではないかと思い、着替えずにはかま姿のままで待っていました。校長先生の卒業証書授与、式辞、担任の言葉。私たち集まった職員は、涙でその式を見つめていました。何よりもHちゃんの卒業への思い、友達とそのお母さんたちのつながりに感激していました。卒業

証書を読み上げる校長先生も涙でした。小さな校長室に集まった私たちは、熱い気持ちでいっぱいでした。

私は、その年は、六年生の家庭科を担当していました。あるクラスに一年生の終わりごろから登校していないHちゃんがいました。六年生の一学期はエプロンを作ります。私はHちゃんと一緒にエプロンをと思い、家を訪ねました。Hちゃんは、その日はすこーし顔を見せてくれました。その後、何度もHちゃんの家を訪ねました。「エプロンの仕上げのミシンは、学校のミシンでしようね」ということになりました。

エプロンが出来上がると次は、調理実習です。いつも私は彼女に言います。「学校に来るのは、①一人で来る？　②先生が迎えに来る？　③お友達と来る？　何番がいい？」。Hちゃんはいつも③を選んでいました。寄り添うように一緒に学校に来る友達が何人かいました。それはいつも夕方でした。

担任の先生はもちろん、同学年の先生や保健の先生と、教師たちの参加も増えていき、『夕方学校』は家庭科ばかりではなく他の学習へも広がっていきました。臨海学習が近づくとプールで泳ぐ練習をし、音楽会が近づくと楽器の練習、算数や国語も……。そうする中で彼女は、臨海学習と修学旅行には参加することができました。

しかし、彼女にとって朝からの登校はまだまだ難しいことでした。

そうして迎えた卒業式でした。実は私たちは、『夕方学校』で数人の友達と教師たちで卒業式の練習もしていました。卒業式は小学校生活最後の日です。みんな一緒にと待っていました。しかし、彼女がいないまま、彼女を待ちながら、卒業式は終わってしまいました。その日の午後です。彼女は、友達とそのお母さんたちと学校に来たのでした。

今、彼女たちは三〇歳。今でもその仲間は仲良しだそうです。Hちゃんは今は結婚し、仕事を持ち、かわいい子どももさんも。

母校の卒業式で、私は二〇年前の小さな卒業式を思い出していました。卒業式の時期になると、昨日のことのように思い出しています。

（二〇一八・四・八）

直した人は、二重まるね

何十年も前のことをつい昨日のことのように思い出すことがよくあります。今、思うとそれは、子どもたちに申し訳なかったり、恥ずかしかったりすることなのですが……。

その頃、私は、新米教師で一年生の担任をしていました。児童数は多く、五クラスまでありました。五人の担任は、先輩の教師を中心に多忙な毎日の中、時間を確保し、週一回は、集まって学年会をしていました。その学年会は、教材研究、生活指導、日頃の悩みを出し合ったりと若い教師にとっては、大変意義のある学びの場となっていました。

ある日、放課後の教室で学年会をしていると、隣のクラスの先生が、

「あらっ、先生のクラスの子よ」

言われて振り向くと一人の男の子のかわいい顔が、ドアの陰にちらっとみえます。

それは、私のクラスのA君でした。

私は、

「あら～、Aくん。どうしたの？」

と聞きますと、

「せんせ、きょう、お誕生日やろ？　これ、プレゼント」

彼は、少しはにかんだ様子で、小さな紙の包みを私に差し出してくれました。

「え～、うれしいな！」

「先生が、一番喜ぶものだよ。ひとりで考えてん」

と、彼はうれしそうです。私は、

「まぁ、ありがとうね！」

と。照れた様子のAくんは、満足げにバイバイと手を振ってスキップの足取りで帰っていきました。

私は、たいそう幸せな気分に浸りながらその袋を開けました。見ると、それは採点用ペンの赤のスペアインクでした。それを見た私は、ハッとしました。

その頃、私はプリントなどで間違ったところは、もう一度、

「やり直しをしようね」

と子どもたちに言っていました。はじめから正しい答えなら赤で○。間違えたところをやり直して、正しい答えになったら青で○をします。それは、私なりの考えで、子どもがプリントを家に持ち帰った時、おうちの人が、子どもがどこが理解できていて、どこが理解できていないかが、わかっていいのでは、と思ったからです。

そのA君は、実は、算数のプリントなど青○が多かったのです。彼の赤○、青○への気持ちを思い、私はこみ上げるものを感じていました。『先生が一番喜ぶものだよ』と笑顔で言ったA君。A君が、そして、子どもたちみんなが、本当に欲しかったのは赤だったのだと私は、気付かされました。間違い直しをした時は、青いペンで○をするのは、全く子どもの心を大事にした発想ではありませんでした。

それからの私は、赤いペンだけを使うことにしました。間違い直しをした時には、

「二回考えたんだからね。がんばったね。えらい！」と言って、赤の二重まるです。

われわれ大人は、子どもの心から学ばねばならないことが、いろんな場でもっとあるのかもしれないと考えさせられた出来事でした。


それ以来、私は何年生を受け持った時も採点は、赤ペンだけです。プリントのまるつけをしている私のそばで、見ている子どもが、

「せんせ、直した人は二重まる？」

と聞きます。そんな時、私は、

「そうだよ。だって、二回考えたんだからね。頑張ったからね」

と答えていました。赤インクのプレゼントを持ってきてくれたあの日のA君の笑顔を思い出しながら。


（二〇一八・五・二七）

自立の力　仲間の中で育つ

小学校三年生のKちゃんは、とても頑張り屋さんでした。

「Kちゃん、どうする？　これは、ちょっと難しいかも」

と私が言うと、Kちゃんはニコニコしながら、

「だいじょうぶ！」

と言います。自信たっぷりです。

そして、左手をあげて、

「やったるで～」と。

Kちゃんには、〝諦め〟はありません。なんでも挑戦しようとしていました。

かつて大阪の小学校で私は、Kちゃんの担任をしていました。Kちゃんは右半身

にマヒがありました。左にも少しマヒがありました。私は、Kちゃんを、たくさんの友達と一緒の授業の中で支援するのが良いだろうと考えていました。

いろいろな教科の授業がありますが、特に道具の出し入れなどは時間が掛かります。習字の時間などは、道具の準備、墨をする、紙を広げる等々、Kちゃんにとってはなかなか困難なことでした。しかし、彼女は、補助をしようとする私に頼ろうとせず、自分でできるところまで頑張るのです。

そばの友だちはKちゃんが頑張ってなんでもやろうとする姿を見ながらギリギリのところで、そっと手を貸したりしていました。その友だちに、彼女は必ず「ありがとう」を言っていました。

「なかなかうまく書けないな。でもがんばってん」

と笑顔のKちゃん。図工の時間も同様です。クラスの子どもたちは、頑張るKちゃんへの声掛けは、なかなかのものです。

音楽の時間には、リコーダーを使います。Kちゃんは息の使い方も難しそうでした。しかし、彼女は、クラスのみんなと同じように練習します。私は、彼女が、今、何に挑戦しているのか、どうしようとしているのかを見ています。するとまわりの子どもたちが動きはじめます。

演奏するとき、Kちゃんの笛の音が目立ちます。周りのみんなはよりいっそういい音楽を作り、その中にKちゃんの音色も入れていこうとしていました。また、時には、周りの友だちからの提案で、Kちゃんは違う楽器で演奏し、その楽器の音をみんなと合わせる工夫もしていました。

体育のときは、補助がいりそうになると、そばの友だちや、その日の見学の子どもがそっと手を貸していました。ドッジボールの時は、私も中に入って一緒に動きます。

プールも運動会も、Kちゃんなりの力を精いっぱいに出しながら頑張っていました。頑張り屋のKちゃんと周りで声援を送る子、手を差し伸べる子。子どもの世界は助け合いややさしさがあふれていました。

いろんなとき、いろんな場でKちゃんは、頑張り、なんでもする自信をつけていました。そして、同時に周りの子どもたちも、他の人に目を向けるおもいやりの深い子どもたちに成長していきました。私は、子どもたちを見ながらいつも『共に育ちあっている』ということを感じさせられていました。

Ｋちゃんは、今はもう四一歳。高校を卒業してから市の施設の職員をしています。頑張り屋さんで周りの人に「ありがとう」という気遣いと物事に対する前向きさは今もかわらないＫちゃんのようです。私は自立の力も社会で生きる力も仲間の中で育つものだと思っています。

（二〇一八・六・二四）

スパゲティがひらがなに

大阪で小学校の教師をしていたときのこと。一年生のひらがなの学習は、鉛筆をもって線を書いたり丸を書いたり、ぐるぐるとらせん状に鉛筆を動かしたり、点々で書いてある絵をなぞったり……から始まります。

たくさんいろんな線を書くのに慣れてから文字に入るのです。まず「つ」、そして「く」「し」など、画数の少ないものから学習していきます。

進めていく中で、いつもいつも同じやり方では五十音を学ぶのも大変です。

そこである日、お皿にゆでたスパゲティを持って教室に行きました。すぐに私の持っているものに気づいた子どもたち。

「先生、どうしたん？　もう、給食？」

「ざ〜んねんでした。給食は、まだで〜す」

「えっ。それ、どうするん？」

みんなが静まってから、私は小さな声で
「これでね。ひらがなの勉強です」

「え〜！　なんで〜」

興味津々のみんなに、黒い画用紙を配ります。次にスパゲティ一本とその半分の長さのスパゲティ。

「さあ、まず短いのを横に置いてみましょう。その次に長いほうのスパゲティを使いますよ。まっすぐ縦にして途中で丸くして最後かっこよくまげとこうか」

「うわー『す』ができた」

子どもたちは、一年生になるまでにひらがなをたくさん読んだり書いたりしているようですが、「す」の字は、十字架のように書いてから○をくっつける子どもが何人かいるのです。それを何とスパゲティで「す」の字を学習すると、みんな書き順も形もうまくいきました。

子どもたちの学びは、楽しいものでなくてはなりません。書き順が違うからといって何度も正しいのを練習させるより、楽しい思いをしながら学んでいく方がいいのです。

ひらがな学習の際、私は「もの」と「ことば」「文字」が、子どもたちの認識の中でうまくつながることにこだわっていました。学びが心地よく子どもたちの中に入っていくようにと願っていました。楽しい時、友だちと一緒にすてきな顔の時、子どもは伸びているのだと感じていました。

次の日「先生、できたよ」と、お母さんにスパゲティをゆでてもらっていろんな文字を書いてきた子どもがいました。うどんで書いてみたよという子どももいました。その子は、「うどんは手にくっついてやりにくかったよ」と言っていました。おうちの人とお話ししながら作ったのでしょう。その様子が目に見えるようです。これも学びです。

私は子どもたちの家庭での様子を想像して、うれしくてたまりませんでした。おうちの人は、きっと子どもと一緒にワクワクしながらお付き合いくださったことでしょう。

私はみんなの前で、おうちで頑張った子の話を紹介し、たくさん褒めました。スパゲティのひらがな学習から、彼らの中のひらがな学習への意欲は大きく広がっていきました。

（二〇一八・八・一二）

友好のバトンつなぐ劇

マニラ日本人学校の校長先生からうれしいメールをいただいたのは、二〇一七年七月一三日。そのメールには「九月七日ＭＪＳ（マニラ日本人学校）フェスティバルで中学生が、加納莞蕾（辰夫）とフィリピンのキリノ大統領との友好を描いた『赦し難きを赦す』をテーマに劇をします」とありました。陸軍の従軍画家だった加納は、第二次世界大戦後、世界平和を願って、フィリピンのキリノ大統領に日本人戦犯の赦免を求め、実現に至りました。

私は添付されていた、子どもたちと担当の先生とで作られたというシナリオを読みながら、途中からもう涙で読めなくなってしまいました。

二年前、私はマニラ日本人学校で講演をさせていただきました。戦後、加納莞蕾がフィリピンのキリノ大統領に何を求めていたのか、戦禍の中で妻子を失いながらも日本人戦犯を赦すという決断をした大統領が何を求めていたのか。おそらく二人は次の世の平和を求めたからなのだろうという話を中学生八〇人にしました。日本人学校の子どもたちは、日本とフィリピンとの関係に強く関心を持っているのでしょう。とても真剣に話を聞いてくれました。

二年経った今年、その子どもたちが、劇をするというのです。私の喜びは、何にもたとえようもないくらいでした。ぜひその劇を見に行きたいと思いました。

これまでに市内の小学校などで加納莞蕾の劇をする小学校は何校かありましたがそれは、島根の旧・布部村（現安来市）が舞台であり、加納莞蕾が主人公なのです。

ところが、マニラの学校のシナリオを読んでいくと、主役はキリノ大統領、場面はマニラです。当たり前のことなのに、私は新鮮な思いがしました。たまらなくぜひその劇を見たいと思いました。校長先生とも連絡をとり、その日を楽しみに待ちました。

そして出発の日となりました。ところが待ちに待った九月六日はなんと大きな台風のため、関西国際空港が閉鎖となったのです。私のマニラ行きは、急きょ福岡経由となりました。

翌九月七日、マニラでの朝、学校に行くとたくさんの中学生が笑顔で待っていてくれました。一人ずつ、

「〇〇で～す」

と私に握手をしてくれます。それは劇の役での名前で、すてきな挨拶でした。

「加納で～す」

「キリノで～す」

そして「頑張ります！」と。

「私は、皆さんが、キリノと加納の劇をするということを校長先生から聞いたとき、胸が躍りました。どうしてもマニラに行きたい、みなさんにお会いしたい、劇が見たいと思ってやってきました」

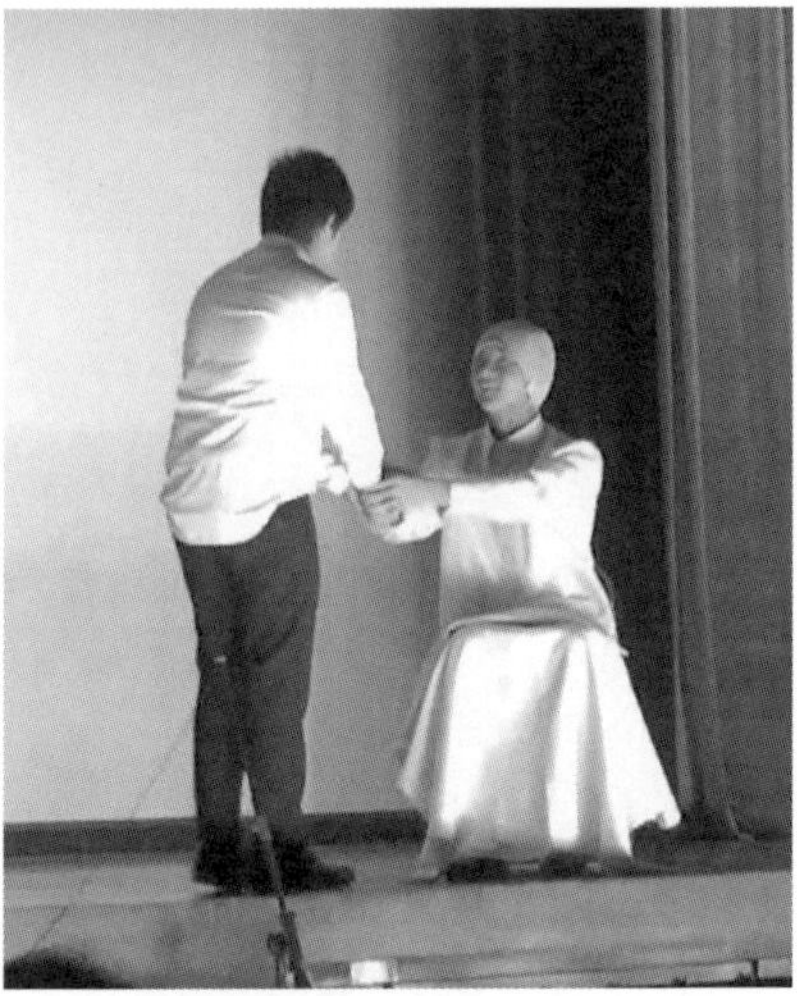

マニラ日本人学校での演劇の一幕、キリノ大統領に莞蕾が初めて対面した場面

と、私が胸いっぱいにして言うと、彼らはとても喜んでくれました。

劇は、キリノ元大統領の妻子が日本軍に殺害される場面から始まりました。法廷で、

「戦争は、大きな誤りであった」

と証言する古瀬元海軍少将。従軍画家だった辰夫が「二度と戦争は繰り返されてはならない」と苦悩する様子などを見事に演じていました。

劇が始まってからの私は、子どもたちの熱演に胸をうたれ涙、涙でした。一人一人の役になりきった彼らの言葉は、すでにセリフではなくて自分の言葉として発していました。

そして、その劇の結びは、

「キリノ元大統領と加納莞蕾氏の友好のバトンを受け継いでいくのは、私たちなのです」という言葉でした。ステージが違っていても、この結びは日本の学校の子どもたちが演じる劇も同じです。私は子どもたちの未来をも見えるような気がして胸がいっぱいになりました。

演劇が終わって、演じた彼らと話す時間をいただきました。私は「今日の劇をあれだけ気持ちを込めて演じていた皆さんは、十分日本とフィリピンの懸け橋になれる人たちだと確信しました。私はその懸け橋の橋脚に喜んでなりたいと思います」と伝えました。涙が頬をつたいました。生徒たちも泣いていました。

翌日、私は、感動と感激をそのまま胸に納め、心地よく温かいマニラの風を後に帰国の途につきました。飛行機の窓からは、明るい青い空が見えていました。

（二〇一八・九・二三）

伝える　中学生に信念学ぶ

今年九月に加納莞蕾《かんらい》とフィリピンのキリノ大統領との友好を描いた劇を上演したMJS（マニラ日本人学校）。私が初めて、MJSに行き、交流が始まったのは、二年前のことでした。MJSの中学生たちは、日本とフィリピンの関係については関心も強く非常によく考えているようでした。私の話もよく聞いてくれました。

それから一年経った昨年一〇月に私は校長先生から、

「Mさんが弁論大会で『伝える』という弁論をしましたよ」

という連絡をいただきました。校長先生は、その女子生徒の許可を得て、私に原稿を送ってくださいました。彼女の「伝える」というメッセージはそれはそれは素晴らしいものでした。

彼女は、「私は、フィリピンの大統領のように日本人戦犯を赦《ゆる》すことができるだろうか」と、自身と周りの人に問いかけながら、「次の時代に伝えなければならない、私たちは語り継いでいく義務があるのだ」と述べています。「平和な世界となるようそれに向かって使命を果たさなくてはならないのだ」と。

そして今年、再び校長先生から、「平和のために下した決断～キリノと莞蕾の絆～」という劇を中学生たちが上演すると、メールをいただいたのです。演劇グループの中学生は二年も前に話を聞いたことをずっと温めていてくれたのでしょうか。私は熱い想《おも》いで胸がいっぱいになりました。また、私は、校長先生をはじめMJSの先生方の想いも理解できました。フィリピンと日本をつなごうとする未来に向けてのメッセージを、生徒たちと作ろうとされる先生方の熱意にも胸をうたれました。

中学を卒業し、今は高校生になり日本にいるMさんからもメールが来ました。「加納さんの講演は今でもはっきり覚えています。戦争から長い時間が流れ、どれほど人々の間で戦争に対する意識が風化してしまったのか気づかされました。私はフィリピンと日本との関わりをこれからも伝えていけるような人になります。多くの人の命を奪ってしまう戦争の悲惨さを伝えていける人に、平和を希《ねが》える人に私は必ずなります」と。

私はマニラに行き、上演された劇を見たことを彼女に報告しました。すると、彼女からは「私がいなくなったMJSで戦争から平和への劇をするというのは、まるで私の弁論『伝える』の内容をMJSの皆さんに伝えることができたようで本当に心の底からうれしいです」とのメールが来ました。

「伝えましょう」とか、「伝えなければなりません」と、私たちは、よく言います。しかしこのことは、しっかりとした思想、信念がなければできることではありません。

私は、今、また中学生たちに教えられています。「伝えることの大切さ」「伝えられ、自分のことばとして発信することとの大切さ」を。受け止めてくださる人との信頼関係を持ち、自分の信念を持って伝えることができるようにと。私はこれからも中学生たちのたくましい未来へのメッセージに学びながら頑張っていきたいと思っています。

父・莞蕾は「一灯を点ぜよ」とよく言っていました。「自分の思いを誰かに伝えなさい」と。「それを本当にわかってもらえたなら、必ずその人は、次の人に点ずるでしょう」と。「真《まこと》の心はつながっていくものだよ」とも……。

そんな言葉を思い出したりします。

（二〇一八・一〇・三〇）

つながる想い　教え子から娘へ

大阪のAちゃんから、

「フィリピンに語学留学に行ってきます」

というメールが来たのは、彼女が高校生になってしばらくたった頃でした。

「元気で行ってらっしゃい」

と返信した私に、今度は、お母さんから、

「先生、娘は今日、一人でフィリピンに旅立ちました。先生のお父様の話を現地の方と出来るくらいになるのを目標にして、英語の勉強するって言ってました」

とのメールをいただきました。

私は、そのメールにびっくり、とても感激でした。Aちゃんはフィリピンの人たちに加納莞蕾《かんらい》のことを伝えたいと思っていてくれたのかと。

Aちゃんと私の出会いは四年前でした。夏休みが近くなったある日、私が大阪での教員時代に担任をしていたS君から電話がありました。四〇年も前に担任したクラスの子どもでした。

「先生、お久しぶりです。こんど鳥取まで行くんですが、先生のところまで足を延ばそうと思って」

懐かしい声にうれしくて興奮気味の私は、

「いいよ。いいよ。どうぞ、どうぞ」

と胸の高鳴りを抑えきれないくらいでした。

「嫁さんと娘です」

と、すてきな奥さんと五年生の娘Aちゃんを、わが家に連れてきてくれたS君は、すっかり頼もしいお父さんでした。それまでの私の中のS君は、小柄で少しおとなしい感じの、そして幼い時から喘息《ぜんそく》に苦しんでいた病気がちの少年でした。

彼が、「先生、これ」と、荷物の中から出したものは、小学校時代のアルバムでした。S君と私は、夜が更けるまでアルバムをめくり、時に涙しながらいっぱいの想い出話をしました。

喘息で、前日発作が出たりすると学校には遅れて登校。教室でも、しんどそうにしているS君を見ると、なんとか助けてあげたいというもどかしさを覚えたものでした。

忘れられないのは、五年生の夏の林間学校のこと。喘息の発作が起こったらと心配されていたお母さんに、彼の具合がすぐれないときの対処法を教えていただき、みんなと一緒に林間学校に行きました。みんなと楽しく過ごした一日目の夜、私は、S君のそばで寝ることにしました。

山際が白みかけた翌朝、ふと気が付くと彼は苦しそうに、はいながらリュックの中の薬を探していたのです。朝方の冷え込みが彼の病気を誘ったのでしょう。私は、彼の背中をさすりながら、何も助けてあげられない無力さを痛いほど感じました。

朝食のころには、発作はおさまっていましたが、朝食はのどを通りませんでした。

しかし、それでも、「林間学校は楽しかった」と後の感想文に書いてあるのを見ると胸が痛くなりました。

彼は喘息を乗り越えて、とてもたくましく大きな体になっていたのです。いろいろ話をする中で、高校を卒業してからとても頑張ったこと、苦労したことを、次々と話してくれました。

家族とともに島根に来てくれたS君親子は、翌日加納美術館で、加納莞蕾の話も聞いてくれました。

「先生の熱弁久しぶりやった」

と。その後、また家族で島根まで来てくれる機会があり、私は、彼の奥さんや娘のAちゃんとも仲良くなりました。

そんなAちゃんの「フィリピン行き」。その未来に向かう積極性に学び、私も頑張らねばと思いました。そして、何よりS君夫妻が次世代への想《おも》いをAちゃんにつないでくださったことがうれしいことでした。

（二〇一八・一二・九）

第4章

再会への旅（二〇一九年）

懐かしい再会　心のふるさと

このお正月に懐かしい人たちとの集まりがありました。一二月半ばごろ、
「一月五日に集まりま～す。先生来てください」
と案内がきました。

私は、かつて大阪で小学校に勤めておりました。昨秋、久しぶりに大阪に行ったときのこと。駅のあたりを歩いていたら、なんとスーツ姿の女性にばったり会ったのです。「せんせー！」「え～！　○ちゃーん！」と、お互いにびっくり。彼女は四〇年以上も前に、私が六年生の担任をしていたころの教え子だったのです。

あまりに懐かしく、はやる心をおさえながら近況を聞いたり、ご家族のことをたずねたり。

「ところで、何歳になった？」

と、聞くと、

「五五歳」

それにまたびっくり。二人で「うれしいね。すぐわかったね」と喜び合いました。

一月五日の集まりの案内はそのことがきっかけでした。思いがけない誘いに、私は心が躍りました。すごく楽しみで、その日が待ち遠しくてたまりませんでした。

その半面、四〇年以上も前に六年生だった彼ら彼女らは、一体どんな大人になっているんでしょう。どんな言葉をかけたらよいのでしょう。年をとった私の話など聞いてくれるかしらと、不安ばかりが心をよぎります。

ドキドキしながら迎えた一月五日。集まった一人一人の一人一人と懐かしい握手をしました。満面の笑みで私を迎えてくれた彼らは、不思議なほど昔と全く変わらなかったのです。集まりの場は、すぐにその当時に戻っていました。

「先生、あの頃何歳やった？」

と一人の子。すると誰かが、

「三〇歳やった。だって先生の誕生日の祝いみんなでしたもん」

「そうや　先生の誕生日覚えてるで」

懐かしさの中に不思議なほどの新鮮さを感じていました。

ただ、話をする中で、みんなが仲良く日々を過ごしたように見えたあの頃も、実はいろいろ悩みを抱えていたことを知りました。当時の私は、毎日、子どもたちに寄り添い、頑張っていたつもりでした。しかし、みんなの話を聞くうちに、当時見えていなかったことが今見えてきたような気がしました。

子どもたちも、それぞれに悩み、考え行動しながら仲間を作っていたのです。私の知らない話もたくさんありました。涙で話を聞きながら、またまた子どもたちに学んでいる私でした。

そして、それぞれが近況を話す中で、みんなの歩んだ人生の重みを感じました。山もあり谷もありだったのです。しかし、こうして集まれる場所こそが、みんなの「ふるさと」なのだと、私はうなずきながら聞いていました。

この年になって「大きな再会」という素敵なプレゼントをもらって、島根に帰ってきた私に、その中の一人からメッセージが届きました。

「それぞれが第二の人生に差し掛かる時期にこうしてつながることができたのも先生のおかげだと感謝しています」

今まさに第二の人生に差し掛かろうとしている彼らが、互いにつながることは大事なことかもしれません。生きる勇気が出てくるとはこういうことでしょうか。

私は、人格が作られるところが「ふるさと」だといつも思っています。このかけがえのない「ふるさと」が、彼らにとって大きな生きる力にまたなればと心から思った年明けでした。


（二〇一九・一・二七）

——平和の願い　人形に託し

私のフィリピン訪問は五回目。二〇一九年二月末にマニラに訪れた目的は、人形作家、安部朱美さん（鳥取県米子市）の制作した像「平和への祈り——アリシアと三人の愛児たち——」を届けることでした。それは、一九四五年のマニラ市街戦で犠牲になったキリノ大統領の夫人アリシアと三人の子どもたち（ノルマ、アルマンド、フエ）の像です。

加納莞蕾《かんらい》（辰夫）は「世界に平和が訪れた時、戦禍で犠牲になったあなたの家族は喜び、空に舞うことができるでありましょう」とキリノ大統領あての書簡に残しています。人形作家の安部さんが莞蕾のその思いを作品に見事につないでくださったのです。

秋のころ、キリノ家に私どもが「人形をプレゼントしたいのです」と申し出たとき、キリノ家はたいそう喜んでくださいました。しばらくたって「モンテンルパ市の博物館に展示しましょう」という連絡がありました。

元大統領の孫、ルビー・キリノさんからのメールには、「より多くの人たちに見てほしい、学生や子どもたちには学んでほしい。外国からフィリピンに来られた人にも見てほしい」とありました。

モンテンルパ博物館に展示された人形像の前に立つ安部朱美さんと私

そして、また驚いたのはモンテンルパ博物館の展示計画の中には、人形の展示のそばには加納莞蕾の嘆願書も並べて展示するということでした。思いがけないフィリピン側の企画案にとてもうれしく感謝の気持ちいっぱいの私どもでした。

モンテンルパは、かつて日本人戦犯が収容されていたニュービリビッド刑務所があったところです。私がモンテンルパという名前を耳にしたのは、小学校三年生の時でした。七〇年前です。かつて莞蕾が平和を求めた活動のスタートはモンテンルパと言ってもよいかもしれません。その市の博物館に、それも永久に展示されると聞いた時、驚きと感動で私は鳥肌が立つくらいでした。

三月一日、モンテンルパ博物館のオープンです。青空の中には、この辺に昔から盛んだった魚を獲るときの設置網を表したデザインの五階建ての博物館がくっきり。モンテンルパ市の歴史や産業の様子を紹介してありました。

そして、ニュービリビッド刑務所の紹介。そこをたどっていくと戦犯を赦したキリノ大統領に行き着きます。大統領のそばには安部さんの人形像とともに、加納莞蕾の嘆願書の一部と、キリノ大統領と握手をした写真もありました。私は、「よかったねえ。お父さん、モンテンルパ博物館に加納辰夫の名前も展示されているよ」と言いながら涙があふれていました。

私が子どものころ、戦犯が赦免、解放されることこそ、平和への第一歩だと言い続けた父を思い出しました。「いやいや俺のことはいい。キリノの苦渋の決断こそが平和へのモラルだと皆に伝わるのがいいのだ」と言っているようでした。

加納莞蕾が最初の嘆願書をキリノ大統領に送ってから今年は七〇年目。そして、また、このオープンの三月一日は、加納莞蕾の一一五歳の誕生日です。「ハッピーバースディ!!」と声をかけてくださる方が次々とありました。不思議なめぐりあわせを感じながら、これからの日本とフィリピン、そして世界の平和を願わずにはいられない日となりました。

（二〇一九・三・一七）

父の足跡をたどり隠岐へ

現在、安来市加納美術館では、「加納莞蕾《かんらい》大回顧展」を開催しています。約一〇〇点ほどの絵や資料が展示されていて、莞蕾の画家としての絵の描き様とともに、その生きざまを感じ取ることができます。その中にスケッチも見ることができます。画家は、みなそうかもしれないのですが、父は出かけるとき、必ずスケッチブックを手にしていました。私は、子どものころに「お父さんのスケッチブックは、女の人が出かけるときにハンドバックを持つみたい」と思っていました。そのスケッチブックの何冊かは、今も、美術館に残っています。

昨年の夏でした。美術館に来られたあるお客さんに、私が声をかけると、その方

通天橋の絶景

は、隠岐から来た方でした。隠岐の風景を写生したスケッチブックは一〇冊ほどあります。「どうぞ隠岐のスケッチがありますから」とお見せしたのです。そのことがきっかけとなり、今回の隠岐旅行となりました。

スケッチブックを見てくださったその方は、莞蕾の隠岐の風景画の一枚一枚をとてもうれしそうに見てくださいました。「実は、この景色のところに訪ねて行ってみたいのですよ」と私が言うと、

「どうぞ、どうぞ。隠岐に来てください。ご案内しますよ」

と満面の笑顔。とても親切に言ってくだ

油彩作品

スケッチブックのデッサン画

さいました。

五月の連休明けに、隠岐旅行は実現しました。莞蕾は自分のスケッチには日付と場所を書いていていました。私どもの案内役をしようと言ってくださった方は、莞蕾のスケッチの日付に沿っての案内をしてくださることになったのです。

七類港から連絡船で隠岐に渡ると、その方が待っていてくださいました。そして車で早速スケッチにある場所に。すると、〝ありました〟、書かれている絵と今、私が見ている景色は、確かに同じなのです。

「ここですねえ！」

と、嬉しく確認。改めてその風景を見た時、今、私が立っているこの場所に莞蕾も立ってスケッチをしたのかと思うと胸がいっぱいになり、涙が止まりませんでした。他の場面も、次から次へと見つかっていきました。

父の足跡をたどっていくのは実に幸せなことでした。日付に沿ってその景色が現れてきます。ここで父はこの景色に感動したのだと思うと、その感動が私たちにも伝わってきます。その場所が見つかるたびに私たちは大喜びしました。

スケッチは五七年前です。ずいぶん木々が大きくなっていて、見たい景色が隠れてしまっていたり、防波堤ができていたり、家々が増えていたりしましたが、海に浮かぶ岩の景色はそのままでした。

海岸の切り立った岩やその色合いなどを見ながら、私は何度も涙していました。父莞蕾が、この隠岐のスケッチ旅行をしたときには、多くの方々との出会いがあっただろうと思いました。たくさんの方々のご好意や人情の中で出来得たスケッチ旅行だったに違いありません。隠岐の方々にも心からの感謝をしました。

ご案内くださった方、隠岐で出会った方々に心からの感謝をしながら、父親の足跡を確かめられた夢のような三日間でした。世界の平和を希《ねが》い続けた莞蕾のその生きた道もまた辿《たど》らねばと、つくづく思った隠岐旅行となりました。

（二〇一九・五・二〇）

大統領と握手　平和願って

二〇一九年五月の連休が明けた頃、外務省から電話が入りました。「五月三一日にフィリピンのドゥテルテ大統領が来日されます。総理公邸で開催される歓迎晩餐《ばんさん》会に出席願えませんか」との用件でした。

びっくりした私。

「えっ！　私がですか？」

と最初に思いました。外務省の方とお話をするうち、はやる胸をおさえながら、

「ありがとうございます。出席させていただきます」

とのお返事になりました。

三年前、東京の日比谷公園にあるフィリピンのキリノ元大統領の顕彰碑建立にかかわったこと、マニラ日本人学校との交流、モンテンルパ博物館との関わりなどが、今回招待いただけた理由かもしれません。その後、官邸からの案内状も届きました。

「どなたが来られるのだろうか、どんな雰囲気の夕食会だろうか」と気になりながらの毎日を過ごすことになりました。そして三一日、総理公邸での夕食会の日となりました。

午後六時四〇分ごろ総理公邸に到着した私が、最初にお会いした方はフィリピンの女性でした。もう一〇年以上、介護福祉士の仕事をなさっている方でした。日本語は大変お上手で私もほっとしました。政治家の方々も次々と到着しました。だんだんと雰囲気も高まってきたころ、会場への案内がありました。

安倍総理夫妻、フィリピンのドゥテルテ大統領夫妻が私を迎えてくださいました。声をかけてくださり、私もごあいさつしながら会場へ入っていきました。和やかな雰囲気のなか、安倍総理の開会の挨拶で始まりました。そして、フィリピン大統領の答礼の挨拶、それからお二人の発声で乾杯です。

総理公邸での晩さん会で、ドゥテルテ大統領と握手

皆さんの交流が始まり、私も大統領と近くでお話しする機会を得ることができました。私は、「キリノ元大統領と私の父・莞爾《かんらい》が六四年前この東京でお会いし、握手をしました。今、その娘である私がドゥテルテ大統領と握手できることに大きな喜びを感じています」と言いました。

そして、画家であった父の莞爾は、戦後平和を願い続けて当時のキリノ大統領に書簡を書き続けたこと、日本人戦犯を赦免したキリノ大統領とフィリピンの人々の寛大さに日本人は感謝していることなどもお話ししました。

ドゥテルテ大統領は、

「今、日本とフィリピンは、十分平和です。昔のことより、前を向いていきましょう」とおっしゃいました。私は、出発前にまとめていた莞蕾の平和を求めた活動記録と、今につながるフィリピンとの交流を記したものをお渡ししました。

父・莞蕾のことも思いながら、平和への思いを過去の話にしてはいけない、今の私に何ができるのか、もっと今すべきことがあるのかもしれない、等々、夕食会の中で何か新しい課題をいただいたように思いながら、公邸を後にいたしました。

（二〇一九・六・三〇）

共鳴する平和への思い

「人形が、素晴らしかったですね。何か人形たちから訴えられているものを感じましたよ。不思議なほどの感動でした。ほんとに来てよかった」

暑い日差しの中、来館くださった九州からのご夫婦。その方と私は、昨夏にもお会いしていました。前回、この美術館に来てくださった時、平和を希求した加納莞蕾《かんらい》の思いに触れてくださったのです。遠くから来てくださったことに感謝しながら、私は懐かしい気持ちで人形作家の安部朱美さんの思いと加納莞蕾のつながりをお話ししました。

安来市広瀬町布部の加納美術館では、七月二〇日から『安部朱美ふたたび――明日へのまなざし――』という人形展を開催しています。同館で安部さんの人形展は二回目となります。
　一回目は三年前。その時に莞蕾の作品の常設展を安部さんは見てくださって、莞蕾の書『愛』と、残された書簡を解説する展示『莞蕾の願い』が心に留まったということです。画家として平和を求めていた莞蕾は自分の願いとして「永遠の平和は次の世代に求め、これを子どもたちに期待しなければならぬ」としています。それを見られた安部さんは「私の人形創りの原点は、ここにありました」と言われたのです。

莞蕾書『愛』

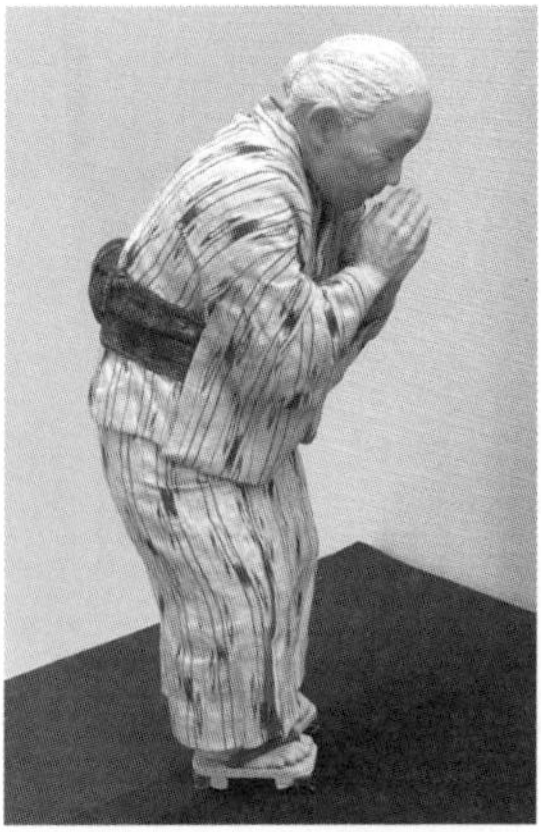
安部朱美作人形『祈り』

　安部さんは、ご自分の人形創りについて「私が昭和の子どもたちの人形を創っているのは、昭和を懐かしむということではないのです。戦争をくぐり抜け、また、

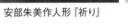

戦後を生きぬいたた子どもたちの中に未来を築こうとする姿があります。家族でつながり、友達や周りの人と深い思いやりを持って生きる姿があります。そんな共に平和を作っていこうとする心を皆さんにお伝え出来たらと思うのです」と言われます。そしてその思いは、「莞蕾さんの『愛』『莞蕾の願い』につながる」と。

遠く九州から来てくださった方に、人形で伝えようとなさっている安部さんの深い思いをお話しすると

「よくわかります。人形から確かに伝わってきましたよ。その大きな『愛』が」

と言われました。

今回の美術館の展示では、まず人形の数の多さに圧倒され、またその人形の表情とまなざしに引き込まれてしまいます。昭和の子どもたち、また家族の人形たちの平和を求める声が今、美術館に高らかに響いているようです。

皆で平和を考える八月。九州からきてくださったご夫婦とお話ができたのは、莞蕾の命日、八月一五日の翌日のことでした。

（二〇一九・八・二八）

演劇通し、子らに託す平和

「待てぇ！　待てぇ！」

「追え！　追え！」

「逃すな！　逃すな！」

と言いながら、子どもたちが客席の後方から元気よく走りこんでくるところから、その劇は始まりました。その劇は、「奇跡の邂逅《かいこう》―加納莞蕾《かんらい》物語―」でした。松江の劇団「幻影舞台」の方々と地域の人たちとによるもので、その日は演劇の初演でした。

少年莞蕾や友だち役の人とともに入ってきたたくさんの子どもたちは、地元の小学生の男の子たちでした。皆勇ましい様子でチャンバラごっこです。

「第五回安来市平和のつどい」開催の九月二一日は、朝から降ったりやんだりの空模様でした。今年の平和のつどいの催しは演劇から始まりました。会場となった布部小学校体育館は、開始時間にはほぼ満員となりました。

「加納莞蕾を演劇にしてみましょう」と劇団の方からお話があったのは、一年半くらい前でした。「えっ」と驚いた私でしたが、莞蕾の平和への想いを劇にしてくださるということは大きな喜びでもありました。脚本を見せていただいた時、私が驚き、感動したのは、莞蕾はどんな父親に育てられたかということに着眼されたことでした。劇の中で父親梅左衛門の言葉の一つ一つが莞蕾の生きる道を示しているようでした。

その劇の盛り上がるところは劇の最初、子ども時代の莞蕾が友だちと遊ぶ場面です。地元布部小学校の子どもたちが、総出演でした。子どもたちが劇に登場することの意味は大きいです。彼らの出演経験から、きっと生涯、平和への想いを持ち続けるのではないでしょうか。

劇は、笑いあり、涙も誘いながら展開していきました。そんな中、私の涙が止まらなくなったのは家族が自分の想いを語る場面です。なかなか苦しい生活を強いられていた家族です。莞蕾の平和思想が世に知られることになるのなら、家族の苦労も報われるのではないか。そんなことを思っているとき、屋根をたたきつけるかのような大きな雨の音。演じておられる人の声も聞き取れないほどの雨の音です。が、それは、私には、莞蕾やその父母、また家族たちの感激の涙だったかもしれないと思えてきました。盛り上がった劇は、会場いっぱいの大きな拍手の中で終わりました。

その日は演劇の後、「平和のつどいセレモニー」もありました。安来市長はじめ関係者のあいさつが続き、その後、市内の小学校の子どもたちの平和に向けた言葉や歌が響きます。そして、お父様が戦争で亡くなった方のお話などが続きました。集まった人たちとともにこれからの平和を心から望み、子どもたちがより平和な世を築いていくよう願わずにはいられない一日となりました。

（二〇一九・一〇・六）

雨に思う　祖母への感謝

私は、雨の日が好きです。若い頃、

「私ね、雨の日はとても気持ちが落ち着いて大好き」

と言うと、友だちに、

「そうね。雨の日は洗濯できないし、お掃除しなくてもほこりが見えないしね」

とひやかされてしまいました。しかし、私は心の中ではその訳がはっきりとわかっていました。

幼い頃、私は父・莞蕾《かんらい》と祖母と三人で暮らしていました。父は、家を出ていることが多かったので（写生でしょうか、仕事でしょうか）私は、祖母と二人での生活がほとんどでした。

学校から帰るといつも、私は家の周りのどこかで仕事をしているおばあちゃんを探し回ったものです。畑や田んぼで仕事をしているおばあちゃんを見つけると大きな声で、

「おばあちゃーん」

と呼びます。するとどこからか、

「おー、帰ったかー」

という声。私の中では、その声が学校と家との切り替えとなるようでした。おばあちゃんのそばで、くわを持ったり草取りをしたり、その日の話をしたり。楽しいひと時でした。

そんな私がもっと好きだったのが、雨の日でした。雨の日は、うれしくて学校から走って帰ったことを覚えています。

おばあちゃんは、雨の日が休息日だったのです。ゆっくりと横になって私の帰りを待っていてくれました。一緒にお茶を飲んだり、歌を歌ったり、昔話をしてくれたり……。

おなかを抱えて笑うほど面白い話もありました。面白い話は、何度も何度も催促して話してもらいました。もう六〇年以上も前のことですが、今でもはっきりと覚えています。

今、私はその頃のおばあちゃんの年齢を超えてしまいました。おばあちゃんのことを思い出すとき、私の胸は温かくなります。そのころは、テレビはもちろん、漫画も絵本もありません。子どもの心を大事にし、ともに良い時間を過ごしてくれたおばあちゃんに心からの感謝です。

ひなたぼっこ（おばあちゃんと私）
安部朱美作

加納美術館では一一月四日に、絵本作家の葉祥明氏の原画を展示した「葉祥明展」が終わりました。多くの来館者がありました。

葉先生が何を求めておられたのかを終わってから改めて思い返しています。葉先生の「幸せ」「愛」「平和」を、絵本を通してどもたちに伝えたいというその崇高な思いに、感激いたしました。何枚かの原画を手にしたとき、葉先生の思いが伝わってくるようでした。

私は、大人の感性が絵本を通して子どもに伝わるように、そばに大人がいてこそ伝えられるものがあるのではないかと思いました。私の心は、おばあちゃんの思いによって育ったことが大きいと思っています。子どもに対して、ゆっくり大人が関わってくれる時間は大切なものだと、今改めて思っています。

（二〇一九・一一・二四）

第5章

心の育つ場所——ふるさと（二〇二〇年）

「ふるさと」心の育つ場所

かつて私が、大阪で教職についていた頃のことです。懇談会の時、あるお母さんから、

「先生、うちの子は、ふるさとがなくてかわいそうです」

と、言われたことがありました。

私は、「そうだろうか」と、そのお母さんのことばが、気になっていました。

その学校は、ニュータウンにあり、学校の周りは団地でした。お母さんの中では、ふるさとは育った地の山や川のことだったのでしょう。そういえば童謡「ふるさと」には、懐かしい山と川が出てきます。

私が大阪から島根に移り、一二年が過ぎました。島根は、私が育ったところです。周りの人は「ふるさとに帰ったんだね」と、言います。周りの山も川も懐かしく、幼い頃の思い出と重なり、帰郷したときは、胸が膨らむ思いでした。しかし、私の中で時が過ぎていくと、だんだん、ふるさとは、山や川だけではないと思えてきました。

私の心の中には、もっと温かくふるさとを感じさせる言葉がありました。それは、近所のおばあさんたちからの、

「帰えなったかね。どげしちょったかね」

「ほんにどこにいきなったかと、気になっちょったよ」

「元気でよかったよかった」

という言葉。心から何かがあふれてくるほどうれしく、その中に私のふるさとがあるような気がしました。そうです。ふるさととは、人のつながりの中にあるのです。

小学校時代の友だちとの同窓会。とても楽しみでした。待ちに待った当日、懐かしい昔の仲間と弾む話をしていると、「ああ、これがふるさとだ」と思えてきました。

「ふるさと感」は、人との関係の中にあると実感したのです。

自分の人格を作ってくれた周りの人たち。夏の夜に飛ぶホタルやたくさんの星たち。夜にかげをつくってくれるほど明るい月。子どものころを思い出すと、それら私の心を育ててくれた環境で、それもまたふるさとなのです。


このお正月、私は、久しぶりに大阪で過ごし、かつての教え子たちと集まる機会がありました。ニュータウンで育った五〇歳の仲間たちが、幼い日々のことや、この頃の悩みなどを忌憚《きたん》なく話すのを聞きながら、「ああ彼らにとっては、ここがふるさとなんだ」と思いました。

そして、私もまた彼らによって教師として育てられたと思うとき、私にとってもこのクラス仲間は大切なふるさとなのでした。これまで私は、どれだけの人に支えられ、生きてきたでしょう。その時々に、力を寄せ合い、頑張ったところはみんな私のふるさとです。

幼い頃に育ったこの島根だけではなく、自分の心を育ててくれた人たちや周りの自然、環境、これが、すべてふるさとなのです。これまでに私はどれだけのふるさとを持つことができたでしょうか。そんなことを思うとき、私は幸せな気持ちになり、周りの人たちへの感謝の心でいっぱいになるのです。

（二〇二〇・一・一三）

キルト　心をつなぐ

安来市加納美術館では、企画「仲間と夢見るキルトの世界」を開催しています。内藤和美さん（安来市在住）の力作が並び、またその仲間の人たちの作品が私たちを迎えてくれます。毎日、たくさんの入館者がそのお仕事に驚き、その作品に心惹《ひ》かれて楽しんでおられます。

その中で、私の心にとまったのが、「福田衣《ふくでんえ》」です。安来市内のお寺のご住職の方に差しあげられた袈裟《けさ》で、内藤さんと仲間の方々が二年かかって作り上げられたものだそうです。

そのデザインの中の四角いものは田んぼであり、中には山も表現されています。田んぼから山から人々は福を得るということなのでしょう。

その昔、使い古しの布を、男女問わずみんなで気持ちを寄せ合って縫《ぬ》い上げたという歴史もある袈裟は、かつて「糞掃衣《ふんぞうえ》」とも言ったそうです。私は、その「福田衣」を見た時、田んぼや山で働く人々が浮かびました。その人たちが暮らしの中で心をつなぎ、縫い上げようとする思いに感銘を受けました。人々の信仰への崇高な想いが、内藤さん達により素晴らしい芸術になりました。

三〇年も前のことになります。私は大阪で小学校に勤めており、家庭科の担当をしていました。布と針を使って縫うことに慣れてきていた6年生の終わり、卒業を控えた頃、私は、

「ねえ、みんな。お世話になった（担任の）先生にプレゼントしようか」と提案し、みんなでタペストリーづくりが始まりました。

布に刺繍《ししゅう》しても、アップリケでも、何か自分の考えた思い出の作品を作ろうとみんなで相談をしました。子どもたちは、小学校で頑張ったことや、先生への思いなどを色々な布に表現しました。子どもたちの作品をつないでいくのは、一日が終わ

子どもたちと私が作った「フレンドシップキルト」

り、寝る前の私の仕事でした。六年生は三クラスでしたから、三枚作らなければなりません。

担任の先生には秘密にしました。人が喜ぶかもしれない秘密を持つことは、集団の意識を高めます。誰かのために秘密にして頑張ることは、仲間がまとまることでした。時間のかかった子は放課後に家庭科室にやってきます。担任の先生には気づかれないようにと、それが、またとてもうれしいことでした。

私は帰宅してからも夜の仕事

が続きました。この取り組みを知って、内緒で手伝ってくださる仲間の先生もいました。もちろん六年生の先生には内緒です。卒業の日が近づいたころ、三枚の夕ペストリーは、出来上がりました。

卒業式の前日、彼らと私は、三人の担任の先生を驚かせるサプライズ計画を立てました。体育館で卒業式の練習をした後、担任の先生たちは、

「さあ教室に帰りなさい」

と、言われるでしょう。みんなは、教室に帰るふりをして、もう一度体育館に戻っておく。担任の先生たちは、教室に誰もいなくて心配されるでしょう。子どもたちを探して体育館にも来られるでしょう。先生が探しに来た時に、その作品を渡すのです。もちろんその計画は大成功でした。感激の涙を流される先生を見て、満足する子どもたち。私には、彼らが一回り大きく見えました。そして、クラスがしっかりとまとまって見えました。

田んぼや山の仕事をする人たち、その人たちが使い古しの布で作りあげたという歴史を持つ「福田衣」を見るたび、あの時の子どもたちの気持ちの寄り合い、そのつ

ながりを思い出します。みんなで気持ちを一つにして作り上げる「フレンドシップキルト」。それは心をつなぐものであり、また崇高な芸術でありましょう。

（二〇二〇・三・一）

コロナ禍に思う　家族の絆――だっこの宿題

このところ、新型コロナウイルスの影響で学校の休校が相次いでいます。かつて小学校に勤務していた私にとって、学校に行きたいと願う子どもたちの姿が頭から離れないこの頃です。

一年生を担任していたある秋のことです。帰りの時間にはいつも子どもたちは、『れんらくちょう』に、その日の連絡事項をメモするのです。

私は黒板に「Ⓛ　だっこしてもらう」と書きました。「Ⓛ」とは、宿題のことです。

「え～！」

と予想外の宿題に驚いた子どもたち。それから口々に、

「おもしろ～」とか、

「やった〜」とか、教室は明るい声でいっぱいです。もちろん私は、

「お父さんやお母さんでなくてもいいんだよ。きょうだいでもいいし、仲良しの近所のおばちゃん、おじちゃんでもいいよ」

と付け加えました。子どもたちの「さようなら」のあいさつは、いつもより元気な声。みんなは私の思い付きの宿題に大喜びのようでした。

あくる日、おうちの人からの連絡帳には
「だっこの宿題って、本当ですか?」に始まり、

「ずいぶん重くなっていたのですねえ」

「親子で触れ合うっていいものですね」

「次の宿題が楽しみになりました」

などなかなか好評でした。

一方の子どもたちは、

「昨日、百秒だっこしてもらったよ。うれしかったよ」

「お母さんとお姉ちゃんに抱っこしてもらったよ。お母さんの抱っこはあったかく

て気持ちいい。お姉ちゃんのはきもちいいけど、途中でこちょこちょとちょっかいだすんだよ。楽しかったよ」

「お父さんの抱っこは、力強すぎ」

などうれしそうな感想ばかりでした。

お楽しみの次の宿題は、もちろん「おんぶ」です。一年生の子どもをおんぶするなんておうちの人もきっと久しぶりでしょう。

翌日の連絡帳には、

「昨日、今日と『お母さん、すごくいい宿題がでたよ～』と、帰ってきました。「だっこやおんぶをしたのは久しぶりでした。とてもいいものですね」

「小学校に行くようになって大きくなったと思っていました。だっこやおんぶという触れ合いも考えさせられました。ありがとうございました」

などお母さんが連絡帳に書いてくださっていました。クラスで一番体のおおきいY君は、お母さんをおんぶしてあげたそうです。

私は、子どもは笑顔の時に「何か」が伸びてるんだといつも思っていました。気持ちが安定していて自分の存在をしっかりと感じていられることや、自分を大切に思ってもらえていると感じることが、健やかな成長と生きる意欲につながると思うのです。

世の中は今、新型コロナウイルスで大変な状況です。そんな中、より家族の結びつきが深まることが見つかるといいなと思いながら、何十年も前のことを思い起こしていました。

（二〇二〇・四・二六）

心と心の距離を離さない

新型コロナウイルスという言葉を初めて耳にしたのは、数カ月前のことです。中国で仕事をしている友人やイタリアに行った知人をひやひやとして心配していましたが、その頃は、まだ日本にここまで影響を及ぼすとは思ってもいませんでした。ところが、日に日にこの心配は、他人ごとではなくなりました。テレビ画面には、連日、感染者の数で色分けされた世界地図が出ていました。そして日を追うごとに、その色がぐんぐんと広がっていくのです。いかに世界がグローバル化し、人やものの行き来が広く深くなっているかを思い知らされました。「世界は、平和でなければならない」「お互いに行き来し、高まり合っていかねばならない」。これまでの歴史の中でどんなにたくさんの人がそう思い、望み続けてきたで

初めての対面、ルビー・キリノさんと私

しょうか。世界が一つになりつつあったことが、皮肉にも感染症の広がりで実証されたように思えます。

二〇一五年一一月のことです。私と夫は、フィリピンのキリノ財団　ルビー・キリノさんからの招待を受け、初めてフィリピンに行くことになりました。ルビーさんは、私の父、加納莞蕾《かんらい》がかつてフィリピンの日本人戦犯の赦免を求めて嘆願書を送り続けたキリノ大統領のお孫さんにあたる人です。

それは、私にとって夢のような出来事でした。ちょうどその年は、キリノ大統領の生誕一二五周年ということで、その式典に是非来てほしいということでした。しかし、私は全く英語ができないのです。初めてお会いすることを想像しただけで、悩んでしまいます。あいさつの言葉ぐらいは覚えなきゃと頑張っているうちに、ついにその日を迎えてしまいました。

首都マニラに着いてルビーさんたちの待つホテルに向かうのですが、市内はとても道路が混んでいました。約束の時間に遅れる不安でまたまた英語どころではありません。少し遅れた私たちを迎えてくださったのは、両手を大きく広げたルビー・キリノさんの「カヨコサーン！」という歓迎の言葉と温かいハグでした。練習したはずの私の英語は、どこへやら。「ルビーさーん！」というのが私の初めての言葉でした。涙があふれました。私もルビーさんも抱擁する中でそれぞれの祖父、父のつながりを思い、私たちも強くつながりあえたことを実感し、喜びにあふれていました。言葉の心配は、全くありませんでした。

新型コロナウイルスが当時流行していれば、私たちは、ハグすることはおろか、フィリピンに行くこともなかったでしょう。今思えば、ルビーさんが両手を広げ、初対面の私を受け入れてくださったことは、その関係を強く、また深いものにしたのです。

そういえば私は、かつて大阪での教職時代、子どもが泣いていると必ずそばにいって抱いていました。今のコロナ禍で、私たちは「人との距離を保って」と言われます。私はそんな中でも、心と心の距離は、決して離してはならないのだと、今、より強く思っています。そして一日も早く、周りの人や外国の人とうちとけて付き合える世の中になってほしいと願っているこのごろです。

（二〇二〇・六・七）

折り鶴　姿変え不戦つなぐ

平和を考える八月。今年は戦後七五年です。そして、七五歳の私も次の世代の人たちに平和の意味や、人と人とが戦うことの無意味さ、悲しさを伝えていかなければと強く思っている昨今です。

私が初めて広島県三次市の三良坂《みらさか》平和美術館を訪ねたのは、今から六年前のことでした。そこで館長さんから三次市の「平和のつどい」のお話を聞きました。

見せてくださったのは、市民の方々の手作りのあんどんでした。竹を十字にして、その真ん中の釘を刺したところにろうそくが立ちます。割り箸を四本立てた周りには、白い紙に折り紙で貼り絵がされ、平和への思いが表現されていました。「この折り紙は、実は広島の平和記念公園にきた修学旅行生や世界中から送られたツルの

平和の集いで並べられた三良坂平和あんどん（広島県三次市）

折り紙なのですよ」と館長さん。「えっ」と、驚いた私は、とっさには意味が分かりませんでした。

広島の平和記念公園には、毎年たくさんの折り鶴が集まります。私もかつて大阪の小学校で教師をしていましたが、六年生が修学旅行に行くときには、全校のみんなでツルを折っていました。一年生から六年生までみんな平和学習をし、それぞれ自分の気持ちを折り紙に書いてツルにして、広島に行く六年生に託すのです。その折り鶴が、このあんどんの作製の時に大きな役割を果たしているということなのです。

平和記念公園を訪れた人たちの祈りとともに捧げられた折り鶴は、もう一度広げられて、もとの折り紙の形に戻ります。その作業は市内の高齢者の方々の集まりや施設などでされていると聞き、驚きました。

私がかつて子どもたちと修学旅行で広島に行くとき、ツルを作る折り紙の裏には、子どもたちの平和への思いが書かれていました。子どもたちは「二度と戦争はしません」とか、「世界平和を願って」とか、「みんな仲良く」などいろいろ書いていました。低学年の子どもたちは「もうけんかはしません」とか、「なかよくしようね」などかわいい言葉もありました。高齢者の方が、折り鶴を広げながら子どもたちの言葉を見つけると思っただけでも素敵です。広げられた紙は色別に分けて束ねられ、あんどんの作品作りに一役買うのです。

三次市では、八月六日に近い土曜日に「平和のつどい」が開催されています。そして毎年、開催時間の前には、前年の作品が燃やされるそうです。みんなのあんどんの作品は、祈りとして天に昇っていきます。そのあとに残った灰は、また集められて広島の芸術家により彫塑《ちょうそ》としてよみがえるのだそうです。

私は、その話を聞いたとき、心の底からの激する思いを抑えることができないくらいでした。これこそ「思いを繋《つな》ぐ」ということだと思いました。

今、戦後七五年。悲しい戦争は、二度と繰り返されてはなりません。敗戦から学ぶ平和への思いは、広く深くつながっていかねばなりません。今年の三良坂平和美術館のあんどんは『75祈平和』の文字として並べられたということです。

（二〇二〇・八・二三）

赦されて　永遠の平和誓う

この夏、安来市加納美術館では特別展「戦後七五年　いま安来から世界へ」を開催しています（一二八日まで）。

今回の展示の中に『文化の日に村民に贈る布部村平和五宣言記念の講演討議と映画の夕』というガリ版刷りのチラシがあります。もう茶色くボロボロになっていますが、一九五六年（昭和三一）一一月当時、布部村（現安来市）の村長をしていた加納辰夫（莞蕾《かんらい》）が作成したものです。

「布部村平和五宣言」（①自治宣言、②国際親善宣言、③世界連邦平和村宣言、④原・水爆禁止宣言、⑤世界児童憲章制定促進宣言）は、同年八月三日に布部村議会で議決され、記念講演会は一一月三日の文化の日に行われました。

当日は、お弁当持参で森滝市郎・広島大学教授の講演会と先生を囲んでの座談会です。森滝先生は、広島子どもを守る会会長、原水爆禁止世界大会事務局長などもなさっており、広島で開催された原水爆禁止世界大会第一回を開催するために尽力した方です。このような田舎によく来てくださいました。

平和五宣言のための催しは、一一月二日から三日間続きました。一日目の夜は、午後八時から『本町座』（当時の芝居小屋）で、映画上映です。被爆者の証言を記録した「生きていてよかった」、「中国のサーカス」（初めて公開された中国の映画）、人々が住区の中に古墳をみつけて力を合わせて発掘し、その地の歴史を知る「月の輪古墳」そして動物たちが一つのりんごをめぐってかもし出す物語「黄金のりんご」など四本。当時の映画代は、大人四〇円子ども一〇円だったようです。なかなか前向きの映画を選んでいるように思います。

つづく文化の日に午前は、講演会、午後は座談会です。テーマは、宗教と文化、教育についてです。お弁当持参で集合。

三日目は、『村をたてるにはどうすればよいか総合研究』がテーマの研究会でした。

講演会後……

戦争が終わって八年経った一九五三年（昭和二八）七月、フィリピンで収容されていた日本人戦犯は、キリノ大統領の特赦により帰国しました。それは、日本軍により妻と三人の愛児、五人の親族を失った大統領の大きな決断です。横浜港で涙と歓声で迎えられる戦犯の人たち、その時、莞蕾は「赦《ゆる》された人も迎える人も大統領がなぜ赦したのかをわかっているだろうか」と言っていました。私はその時、小学三年生でした。莞蕾は「われわれは、大統領から大きな課題をもらったね」とも言っていました。当時の私には、その意味がよくわかりませんでした。そして「これからが、私の仕事だ」と。今思うと、莞蕾は、大統領の赦しから我々は、平和へのスタートを切るのだということを強く心に決めたのだと思います。

そして、莞蕾はその後、村長になり、『布部村平和五宣言』の提唱をします。今振り返りますと、村長としての莞蕾の平和五宣言の制定と催しは、すべてキリノ大統領の赦免に応えるための行動だったのです。当時、六年生になっていた私は、父の思いが何となく理解できるようになっていました。

平和五宣言の中でも、晩年の莞蕾は、戦犯問題の帰結点を『世界児童憲章』制定と言い続けていました。「永遠の平和は次の世代に求め、これを子どもたちに期待せねばならぬ」と残しています。キリノ大統領の赦しに応える平和を築く活動は、今なお私どもが受け継がなければならないものだと思っているのです。

（二〇二〇・九・二七）

一一歳の平和への提言　感動

それは七月半ばのことでした。朝日新聞を読んでいた夫が「こんなのが出ているよ」と見せてくれた投書欄、そこに掲載されていたのは岐阜県の一一歳の小学生の文章で「『戦争責任』とは　私も考えた」でした。

その中で彼女は、大きく二つの考えを述べていました。一つ目は「敗戦」と「終戦」の違いについてです。彼女は、「終戦」という言葉がよく聞かれるけれど「敗戦」がよいのではないかと思うと書いていました。「敗戦」は負けたことを認めて、戦争の責任を償おうとしているように聞こえる。そして「敗戦」の方が戦争に対する責任にきちんと向かい合っているようだと。彼女の鋭い指摘に私は、これが一一歳の考えかと思うと強い衝撃でした。大きくうなずきながら読みました。

二つ目の彼女の主張は、戦争における日本軍についてでした。日本兵はアジアを占領したりして、戦争の中では「加害者」だと思っていたけれど、日本兵も食料がもらえず、餓死する人も多かったということを知り、兵士は被害者でもあったのかと。戦争責任を考えるということは悲惨なことを二度とくり返さないために過去の教訓を未来に生かすことだと彼女は結んでいました。

小学生のその平和への提言を目にした私は、受けた感動を何とか彼女に伝えたいと思いました。お手紙を出したいと思い、新聞社に連絡を取ってみました。私が熱心に頼むものですから、「では朝日新聞社に彼女宛てのお手紙をくださったら社の方から届けましょう」と言ってくださいました。早速私は彼女に投書の文章を読んでの感想と「平和をねがい続けた画家　加納莞蕾《かんらい》」の漫画を送りました。従軍画家として戦争を目の当たりにし、戦後、平和をねがい続けた画家加納莞蕾の思いはきっと彼女に届くと思ったからです。

ひと月ぐらいたった頃でしょうか。彼女から返事が来たのです。

彼女の手紙には、朝日新聞の方から島根県の方からと聞いてとても驚いたこと、加納莞蕾の漫画はすぐに読んでくれたこと、そして「戦争後の問題」について深く考えさせられたことなどが書いてありました。「戦争は、その時だけではなく終わってからも悲劇をもたらすことがわかりました。戦争は、決して許されることではないのです。ですからもう二度としないように私たちは過去の歴史から学ぶことが大切だと考えます。加納さんも嘆願書を書きながら複雑な思いがあったと思います。そして日本兵も無理やりやらされた部分があるのかなと考えました」と記していました。

彼女は過去から学ぶことが大切だと書いています。そして手紙の最後には、コロナウイルスが収まったらぜひ加納美術館に行きたいですと書いてありました。

加納莞蕾は晩年、「永遠の平和は、次の世代に求めなければならない。これを子どもたちに期待せねばならぬ」と言っています。莞蕾の思いが次の世代につながっていると強く感じられるうれしい出来事でした。

（二〇二〇・一一・一五）

第6章

つなぐ平和への思い（二〇二一年）

あの笑顔に　リモート再開

「先生！　ご無沙汰しています。Ｍです。お元気ですか？」

Ｍちゃんの明るい声に私は涙があふれ、胸がいっぱいでした。それはＭちゃんとリモートでの再会の日のことです。

「Ｍさんが先生とのリモートの対談を希望しているのでぜひ、お願いしたいのですが」と電話をいただいたのは昨年一一月半ばのこと。大阪府吹田市内の障害者支援交流センターの指導員の方からのお電話でした。その施設でグループの方たちの話し合いの時、

「今、会いたいと思う人がいますか？」

との問いかけに彼女が手を挙げ、私の名を言ってくれたのだそうです。彼女は、私

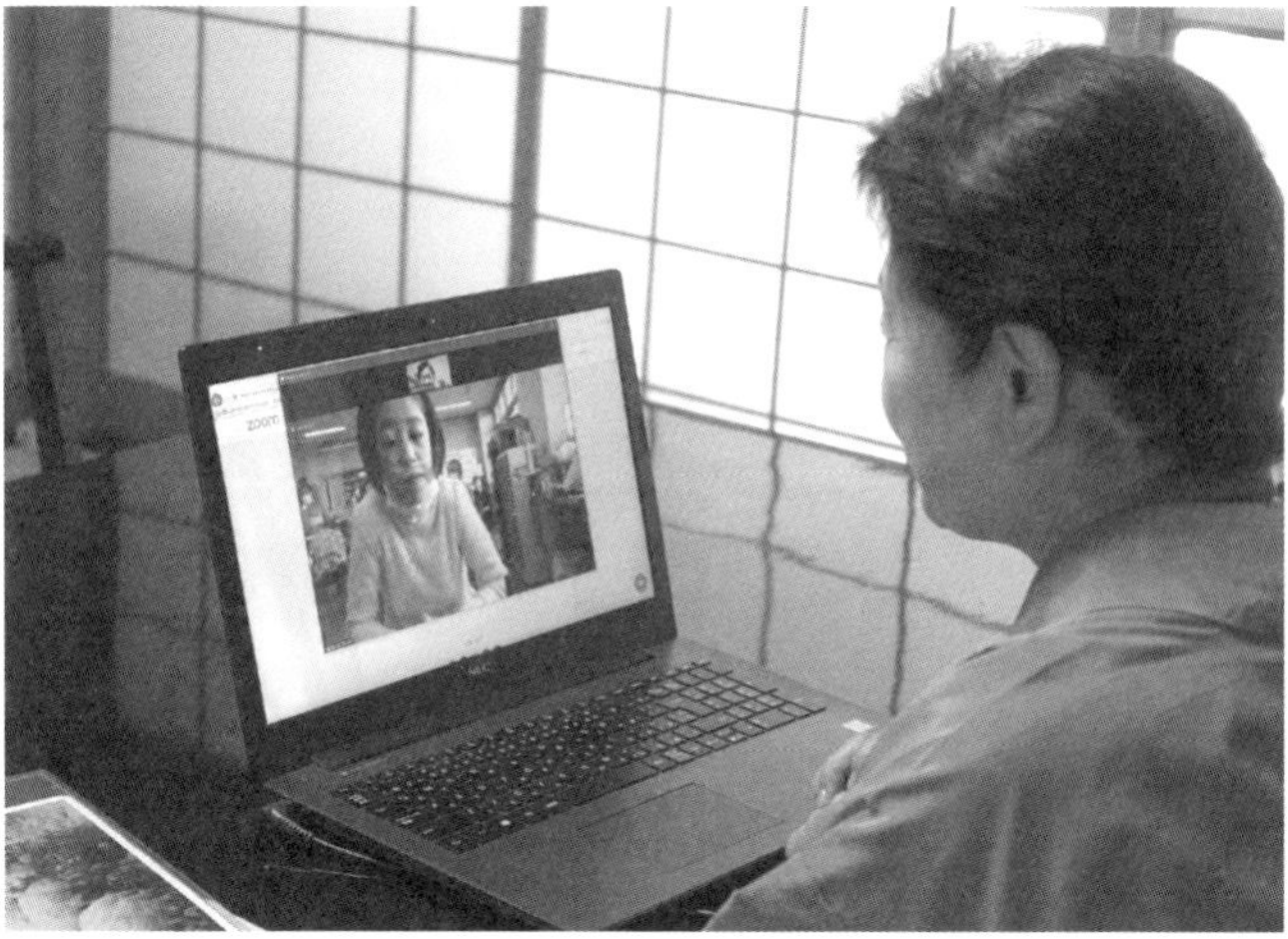

Mちゃんとリモート

が島根県の美術館にいるということを新聞で知っていたようです。

今から二〇年近く前になります。私はMちゃんの小学校一、二年生の時の担任でした。彼女は身体的にハンディがあったので、登校はお母さんと一緒でした。いつもお母さんの自転車の後ろに乗っていました。校内での移動は、バギーです。バギーの後ろポケットには酸素ボンベが入れてありました。

明るいMちゃんを中心に、クラスのみんなはとても仲良くなっていきました。お母さんは教室の外で様子を見てくださっていましたが、彼女はだんだんとお母さんがいなくても学校生活をこなしていけるようになっていきました。

Mちゃんは十分に体を動かすことはできなかったのですが、お話をすることも聞くことも大好き、歌も好き、何より友だちが大好きでした。そっと手を貸してくれる友だちに「ありがとう」と言うときの穏やかな表情を私は忘れることはありません。休み時間には彼女の周りで、みんなで楽しそうに会話したり遊びを考えたり。運動会も「みんなの運動会にしよう」と彼女の参加の仕方を考えたりしました。そのクラスの一つ一つの出来事も私の中の宝物として今も胸に残っています。

彼女が五年生を終わるとき、私は学校を離れましたが、彼女のことはその後、いつも心からはなれることはありませんでした。

待ちに待ったリモート対面。どんな大人になっているかしらと私は、うきうきとして、楽しみでなりません。

そして、始まりました。少し、緊張しながらもうれしいです。

「一二月二二日がお誕生日だったね」

と言う私に、

「そうです。二六歳になります。こんなに背が伸びました」

と、言って車いすから立ち上がってくれました。画面の向こうには、私に手を振ってくださる仲間の皆さんの笑顔が。彼女は、みんなで作っているアクセサリーなどの作品や、仮装したハロウィーンの楽しそうな写真を見せ、施設で和やかに過ごしている様子を話してくれました。

コロナ禍といわれている今ならでは発想なのでしょうか、リモートでの再会は私にとってすばらしい時間となりました。


（二〇二一・一・一九）

勇気と優しさ　親から子へ

一九四九年、私の父・加納莞蕾《かんらい》は、東京のフィリピン代表部で絵を描いていました。莞蕾は、戦争が終わって間もないころ、ある海軍少将との出会いをきっかけに、フィリピンの大統領に手紙を送りたいと思っていました。しかし、他国の大統領にすぐに手紙を出すことは、とても難しいことでした。

まず、フィリピンの代表部を訪ねます。自分は画家であることを名乗り、まずは、団長ベルナベ・アフリカ氏の肖像画を描くことになったのです。もちろん、まだ大統領に手紙を出したいなどとは、なかなか言えることではありませんでした。

ある日、その日の絵を描く仕事も一段落し、コーヒーをご馳走になっている時、代表部の団長ベルナベ・アフリカ氏の秘書のミス・マップワーという女性が、すぐそばで、タイプを打つ仕事をされていたそうです。

「ミス・マップワー、忙しそうだね」

と声をかけると、彼女は、

「ええ、大統領宛ての手紙のタイプを打っているんです」と。

大統領宛ての手紙という言葉にびっくりした莞蕾は、

「実は、私も大統領に手紙を書きたいんだが」

と彼女に言ったそうです。

「出したらいいじゃないですか?」

「私は貧乏な絵描きに過ぎない。名前も大して有名でもないし……」

「貧乏で有名でない人が大統領に手紙を出したら、日本では何か処罰でもあるのですか?」

その時、莞蕾の脳裏に浮かんだのが千葉県に伝わる佐倉惣五郎の話(重税に苦しむ農民を救おうと将軍に直訴しはりつけの刑になった)だったそうです。莞蕾は、とっさに、「私は封建制に反対し、民主主義を唱えてきたはずだったのに、私の中には江戸時代の封建制が染みついていたのか」との思いが沸き起こってきました。

「そうかあ。大統領に手紙は、出せるのだ！」と、思ったそうです。そして、後に話しています。

「あの時、私は、若い女性の言葉から私は大きな行動、大きなステップを踏むことができたのだ」

大統領宛ての第一書簡は、大きな意志を持って郵便局から投函《とうかん》されることになりました。

莞蕾は当時の様子、その気持ちのことを友人と対談した音声を、カセットテープに残していました。

私にはこの話を思い出させる経験があります。まだ二〇代だった大阪の教職時代、「べロ出しチョンマ」という物語を教材として使うために、同学年の教員で教材研究をしたときのことです。

物語は、幼い兄妹の父親が年貢の軽減を幕府に願い出るのですが、願い出た罪をとがめられ、家族全員がはりつけの刑になります。怖がる妹にベロを出して力づけながら、最後まで強く生きようとする兄の長松《ちょうまつ》のお話です。

作品のテーマを作者の斎藤隆介氏の思いとともに子どもたちに伝えようと、同学年の教員同士で話し合いながら教材研究をしていました。物語の解釈を深めていたのですが、そのお話に出てくる地域住民のくやしさ、はりつけの刑にならなければならなかった幼い兄妹の悲しさ、などを思ったとき、涙があふれてしまいました。

その教材研究をした時の思いは、忘れることはありませんでした。

莞蕾が当時のことを語ったテープを初めて耳にしたのは、教職を終えて何年も経った頃でした。「私の中には、江戸時代のあの封建制が染みついていたのだ」というテープの声を聴いたとき、私は、父親からしっかりとその心を伝えられていたからだと確信しました。

強い権力への無念さ、それをはね返そうとする力の大事さ、人々が力を結集することの大きな意味。私が育てられる中で伝えられてきたことだったのかと思いました。

あの頃の子どもたちは今五〇歳。彼らの子どもたちにもあの長松の勇気と優しさを伝えてくれていることを心から願っています。

（二〇二一・二・二一）

修学旅行の子　学んだ平和

昨秋、加納美術館では二校の小学校の修学旅行生を迎えました。一校は奥出雲町の横田小学校の六年生です。例年の修学旅行は広島方面だそうですが、今年はコロナ禍で広島に行けないから、島根で平和学習ができないかと探してくださったということです。加納美術館に修学旅行生を迎えるのは初めてのことでした。

美術館は、理念としている加納莞蕾《かんらい》の平和思想が子どもたちの平和教育の場になるということで、それは大きな喜びとなりました。スタッフは皆でウェルカムボードやお土産のしおりなどを作りました。

楽しく温泉で一泊した子どもたちが到着。みんなはとても熱心に話を聞いてくれました。

数日経ったある日、六年生の担任の先生が再び美術館に来てくださいました。平和学習の様子をＤＶＤにまとめようと進めているので、完成した時には教室に来てほしいと、私を招待してくださったのです。とてもうれしくありがたいお話でした。

卒業も間近になった三月初め、私は横田小学校を訪問しました。人懐っこい笑顔で迎えてくれた一四人の子どもたち。ＤＶＤの前半は莞蕾の活動について知ったこと、後半はそれぞれ自分で学んだこと、考えたこと、という構成でした。

平和の大切さを改めて知った、平和への思いを持ち続けたい、命を大切におもった、仲間を大切にしたいから感謝の言葉を言いたい、平和について語りずっと伝えていく人になる……などなど。ＤＶＤの後半の子どもたちの言葉にはもう、美術館どころか莞蕾もキリノ大統領もありませんでした。学んだことが未来に向かう自分の言葉になるのは、素晴らしいことだと思いました。彼らにとって平和学習は、すでに心を育てる教育になっていました。

横田小学校で六年生に話す私

私は六年生に「自分の思いを伝える」ことが大切なのですと言いました。伝えるとそこには受け継ぐ人がいるのです。受け継ぐ人はまた伝える人になり、それが歴史なのです。今の皆さんはしっかりと歴史を築いているのですと。

かつて、私はキリノ大統領の孫ルビー・キリノさんにお会いした時、ルビーさんは「あなたのお父さんと私のおじいさんが築いた日本とフィリピンの友好の関係を温め直しましょう」と言われました。私たちは先人の生き方に学び、次の世の人に伝えなければならないのです。

六年生の言葉を聞きながら、今私たちはまさにその流れの中にいるという実感にあふれました。私は、小学校を卒業する彼らに心からのエールを送りました。

（二〇二一・三・二八）

時が知らせる〝つながり〟

私の家の居間の壁に時計がかかっています。もう三〇年も前になるでしょうか。それまで、六年生の担任をしていた私は、卒業式を終えたばかりで卒業生を送った安堵感、満足感の余韻がまだ心に残っている時でした。

卒業生のY君のお母さんが、その時計を持ってきてくださいました。

「この時計が時間を知らせるたびに子どもたちとのこと、思い出してもらおうと思って……」

素敵なプレゼントに恐縮し、また感激でした。お気持ちがうれしく、ありがたくいただくこととし、その時計は、わが家の真ん中の部屋に置くことにしました。

あれから、三〇年。時計の針は、今も正確に時を刻んでいます。Y君は小学二年生のころから腎臓の病気を患っていて、入退院を繰り返していました。登校もお母さんの車です。穏やかで優しい彼は、クラスの中でもよい雰囲気を持って皆と接していました。

二学期に入り、学校は運動会一色となった頃のことです。皆で運動会を作り上げていこうとしているその時も、またY君は病院でした。クラスのみんなは応援合戦の練習をしていました。「フレーフレー、あかぐみ！　フレーフレー、しろぐみ！」とみんなで声をあわせているとき、一人の女の子が、

「ね、みんな、『フレー！　フレー！　Yくん！』って言おうか」

その提案に皆、大賛成。私は胸がいっぱいになりました。彼が参加できない運動会の中でこそ、彼の存在を十分意識することが大事なことだと、子どもたちに教えられ

思い出の時計

ました。

翌日、私はビデオカメラで彼らの大きな応援の声を録画し、学校が終わってから携帯用のテレビとビデオを持って病院へ。彼のベッドに持参した小さなテレビをセットし、みんなの応援の姿を流しました。三三七拍子や「フレーフレー」「がんばれ、がんばれYくん！」など。そのあとみんなのメッセージも。満面の笑みでうれしそうなY君の顔を今でも思い出します。

しばらく経ったある朝、「先生、Yや！」。お母さんの車が学校の玄関に見えるとみんなが飛び出していきました。うれしそうなY君と仲間たちの対面風景です。

離れていても、よりつながることはできるのだと、私はクラスの子どもたちやY君から教わったものです。

最近は「リモートで」という言葉をよく耳にしますが、三〇年前のY君とのつながりもリモートだったかもしれません。このコロナ禍でも、より自然な形で強く心をつなぐことがどこかにあるのでは、と時計を見ながら思っているこのごろです。

（二〇二一・五・二三）

軍服の肖像　美術館で生きる

加納美術館に展示している作品の中に、加納莞蕾《かんらい》の油彩画「谷森静夫像」（一九四六年）があります。私が大阪から島根に帰り、美術館の仕事に関わるようになったころ、近所のKさんが、

「うちに莞蕾さんが描いてごしなった絵があるよ」

と教えてくださったのです。驚きと喜びの私に持ってきてくださった絵、それは軍服姿のKさんのお父さん、静夫さんの肖像画でした。

「戦争が終わって、莞蕾さんが引き揚げて帰りなったころ、描いてごしなった」

昭和二〇年秋、この故郷に引き揚げた莞蕾は、自分の周りにもなんと戦死した方が多いことかと衝撃を受けたようでした。莞蕾は「絵を描かしてくださるか」と、何

谷森静夫像（昭和20年、ルソン島で戦死）

軒かの家を訪ねたようです。今でもご近所の何軒かには、仏壇の横に軍服姿の油彩の肖像画を見ることができます。

Ｋさんのお父さんは、昭和一七年七月に浜田西部第３部隊に応召入隊。そこで訓練を受け、南方に派遣されたそうです。宇品港から「暁隼丸」に乗り、フィリピン・ルソン島へ。そして二〇年五月、モンタルバン山中で戦死。明るく朗らかで歌うことが大好きな元気者だったそうです。

先日、私がＫさんを訪ねた時のこと。

「美術館では長いこと絵を借りてるからもう返さなきゃね」

と私が言うと、

「えんや（いいえ）、いいからいいいから」とＫさん。

「お父さんは、美術館で生きちょうなあけん」

私はすぐには意味がわからず聞き返しました。Kさんの説明はこうでした。

「家では線香をあげて手を合わせて、仏さんだが、美術館ではお父さんは生きちょうなる。美術館に来る人に戦争は二度としちゃいけんと語りかけておられる。来られる人の皆がそのことを思って帰ってもらったらいいけん」

そしてKさんは、

「私がお父さんに会いたくなったらいつでも美術館に行くけん。この絵は美術館に来る人に見せてあげてごしない」

私はKさんの言葉に胸がいっぱいになりました。

「静夫さんの絵は、美術館でこそ生きるということなんだね」

私はもう涙でした。Kさんの目にも涙があふれていました。ルソン島で帰らぬ人となった静夫さんの思い、戦争への思いを共有し、静夫さんを画布にとどめようとした莞蕾。そしていま平和への思いを次に伝えようとするKさんの言葉に私は、何か大事なものを託されたような気持ちになっていました。Kさんは今八二歳。戦後はずっとお母さんを支え、家族を守って大変な苦労を重ね生きてこられたのです。Kさんの言葉も生きていました。

加納美術館は先月リニューアルオープンしました。私は今日もまた、静夫さんの肖像画の前で、Kさんの思いを来館者に伝えようと思っています。

（二〇二一・七・二三）

誰もが共に生きる世の中に

大阪での教師時代。放課後、職員室で仕事をしている私を訪ねてきてくれたのは、二五年前に小学校一年生だったOちゃんでした。あの頃から私は、学校を転勤して三校目でしたが、よく探してきてくれたと、まずそのことに感激でした。

「よく、この学校ってわかったねえ」

「先生、前の小学校にたずねてみたりして」

私たちは、この再会があまりにもなつかしくうれしく、手を取り合って喜びました。Oちゃんを見ながら私は、あの一年生の頃の彼女を思い出していました。すっかりお母さんになったOちゃんは、ご主人、そして娘のSちゃんと一緒に来てくれたのでした。

「先生、今日は先生に相談があって」

と、静かに語り始めたOちゃん。

Oちゃんは、耳に障がいがありました。その頃、おかっぱ頭に補聴器が見えていました。その補聴器には毛糸で編んだカバーがついていて、それは、かわいいヘアバンドのようでした。胸もとにはやはり毛糸で編んだ袋に、一体型の補聴器が入っていてペンダントのようです。その頃の彼女は、

「お母さんが作ってくれてん」

と、うれしそうにお友だちに説明していました。

授業中の彼女は、学習はゆっくりでした。

「放課後、残って続きをしようね」

と、私が言うと、

「うん！」とにっこりの返事が返ってきます。うれしそうでした。そんな日が続くと、

「僕も残っていい？」

「私も」

と言う子どもたちが増えてきます。Oちゃんは、

「いいよ。みんなで勉強しよ」

と言っていました。

今から五〇年も前の学校です。放課後の時間も大分、自由だったように思います。私は、残って一緒に勉強したい子たちのそれぞれのお家に連絡を取り、放課後の勉強会が始まります。障がいがあるとかそうでないとか、全く考えていませんでした。みな、同じクラスの同じ一年生でした。

その日、私を訪ねてきてくれた彼女の相談事はこういうことでした。一人っ子のSちゃんは次の四月には一年生になるのです。

先日、お友だちと家で電話ごっこをして遊んでいた時のことだそうです。お友だちが、

「おばちゃん、Sちゃんはなんであんな持ち方なん?」

と聞いたそうです。見ると、Sちゃんは、受話器を胸もとで持っていたのです。

「私が、電話を受けるとき相手の声を聴こうとすると、胸もとの補聴器に受話器をあてるからなんです。だから、あの子も……」

そこまで話をするOちゃんはもう涙でした。

「小学校に行ってこの子は、私が、よそのお母さんと違うから、いじめられたりするんじゃないかとおもって……」

一年生の子どもたちの様子が、聞きたかったのです。

「自分の一年生の時の先生に相談したらいいかも」との提案は、ご主人からのようでした。

いろんな話を聞きながら、彼女の人生にこれまでたくさんの苦労があったことを初めて知りました。私は、

「素敵なご主人とかわいいSちゃんとで今は、しあわせだよね」

と、言い、

「心配いらないよ。Sちゃんが一年生になっていろんな悩みがあったら、Sちゃん

の担任の先生にお話しするのがいいよ。先生は、きっと一緒に考えてくださるよ」と、言いました。そして、
「あなたのお母さんが私にいっぱいお話しくださったようにね」と。

パラリンピックのアスリートの方々は、ご自分の頑張りを、必ず周りの方々への感謝の言葉と共にお話しなさいます。私たちは、誰もが「共に生きる」ということをもっと実感できる世の中にと願わずにはいられません。かつての放課後、教室に残って一緒に学んでいた子どもたちのように。

（二〇二一・九・一二）

莞蕾の願い　演劇で結実

エンディングの曲が流れ、舞台の照明は夕やけの色になっていきました。幕が静かに下りてくると客席から大きな拍手。それはステージ上で自分の役をやり終えた人たちと、客席が一体となった素晴らしい瞬間でした。今月七日、安来市総合文化ホール「アルテピア」において、「『奇跡の邂逅《かいこう》』加納莞蕾《かんらい》物語」の演劇は大きな拍手の中で終わりました。

二年前の雪の日。劇団幻影舞台を主宰する清原眞氏が、加納美術館に来てくださった時からこの演劇は始まりました。その日、私が、館内をご案内をした時、清原さんは莞蕾の話を非常に興味を持って聞いてくださったのです。その後、すぐにシナリオを書き上げてくださり、半年後の九月、安来市平和のつどいに合わせ初演となりました。布部小学校の体育館はあふれんばかりの人でした。

そして、今回は、再演です。

五歳の私（中央）と家族が「銀座カンカン娘」を歌う最後の場面

アルテピアでの公演に至ったのは、観客の方々の強い再演要望のお声からでした。地域の人たちを中心に上演実行委員会が組織されました。前回より登場人物も増えて、地域の人たちの賛助出演も実現しました。

実行委員会は何度も集まりました。私は上演のために意見を言い合う人たちを見ながら、これこそ地域の力がひとつになり、高めあっていくことなのだと思いました。莞蕾の望んでいた「よい村をつくろう」という自治といえるかもしれないと思えてきました。

二度と戦争を繰り返してはならないと、平和を願い続けた莞蕾の思いを素晴らしい演技で表現してくださった劇団の方、賛助出演してくださった地域の方々、そして力を合わせて進めてくださった実行委員会の方々に、心よりの感謝の気持ちでいっぱいです。

そして、声援を送ってくださったたくさんの観客の皆様にも心からの感謝です。私には、莞蕾も、その場に来ているように思えました。そして当時苦労ばかりだった家族も客席に。

莞蕾は、永遠の平和は「次の世代に託したい」と言っていました。演劇という形で伝えられることに私は心からの感動でした。ともに苦労を重ねていた家族も報われたように思いました。

五歳の私が、東京からわが家に帰ってくるラストシーン、「銀座カンカン娘」を歌う場面では、私の心はタイムスリップをし、あふれる涙をとどめることができませんでした。莞蕾の平和への思いを演劇にまで作り上げてくださった方々に心からの感謝をしながら。

（二〇二二・一一・二二）

第7章

未来へのバトン（二〇二二年）

作品　莞蕾の愛した大田へ

年の瀬も迫ったある日。前夜から降り積もった雪で、朝は銀世界となっていました。その中を加納莞蕾《かんらい》の油彩の作品はトラックに積まれ、安来市加納美術館を出発していきました。「行ってらっしゃい」と、車を見送る私はこみ上げる感慨の思いで胸がいっぱいでした。このふるさと布部（安来市広瀬町）から莞蕾の作品たちがこの美術館を出て、他の美術館で莞蕾の作品展としてが開かれるのは初めてのことなのです。

大田市の仁摩サンドミュージアムから熱心にお話をいただいたのは、一年半ほど前でした。加納美術館には、莞蕾が大田の三瓶山と浮布池を描いた「三瓶浮布池秋《うきぬのいけしゅう》色《しょく》」があります。これは一九四七年（昭和二二）に全国を行幸された昭和天皇が、島根に来られた折、石見大田駅に掲げられた作品で、当時の大田町長・佐々木喜兵衛氏からの依頼で描いたということです。

作品展は、大田市から加納美術館に来館された方々の「この三瓶の絵と、莞蕾の平和思想を大田市民に知らせるのはどうだろうか」との発想がきっかけでした。それは私どもにとってこの上なくうれしくありがたいことでした。

作品展のタイトルは「大田を愛した莞蕾」。話を進めていくうちに面白いほどに莞蕾と大田の関係がわかってきました。莞蕾が描いた絵をお持ちの方が市内に何人かいらっしゃること、多くのお知り合いの方があったこと等々。

莞蕾のアトリエに残っていた油彩も三瓶山でした。また、莞蕾の当時のスケッチブックを見るとたくさんの三瓶の山の姿が出てきました。最後のページには、三瓶あたりの地図がありました。自分で地図が描けるほど三瓶山の周りを歩き回ったのでしょうか。スケッチや油彩の作品を小さくして、地図の上に置いてみると、なんと三瓶山を中心としてその周りにぐるりと絵が並びました。どの方向からも見ても

莞蕾の油彩「三瓶浮布池秋色」1947年、昭和天皇行幸の時、大田町長に委嘱されて描いた作品

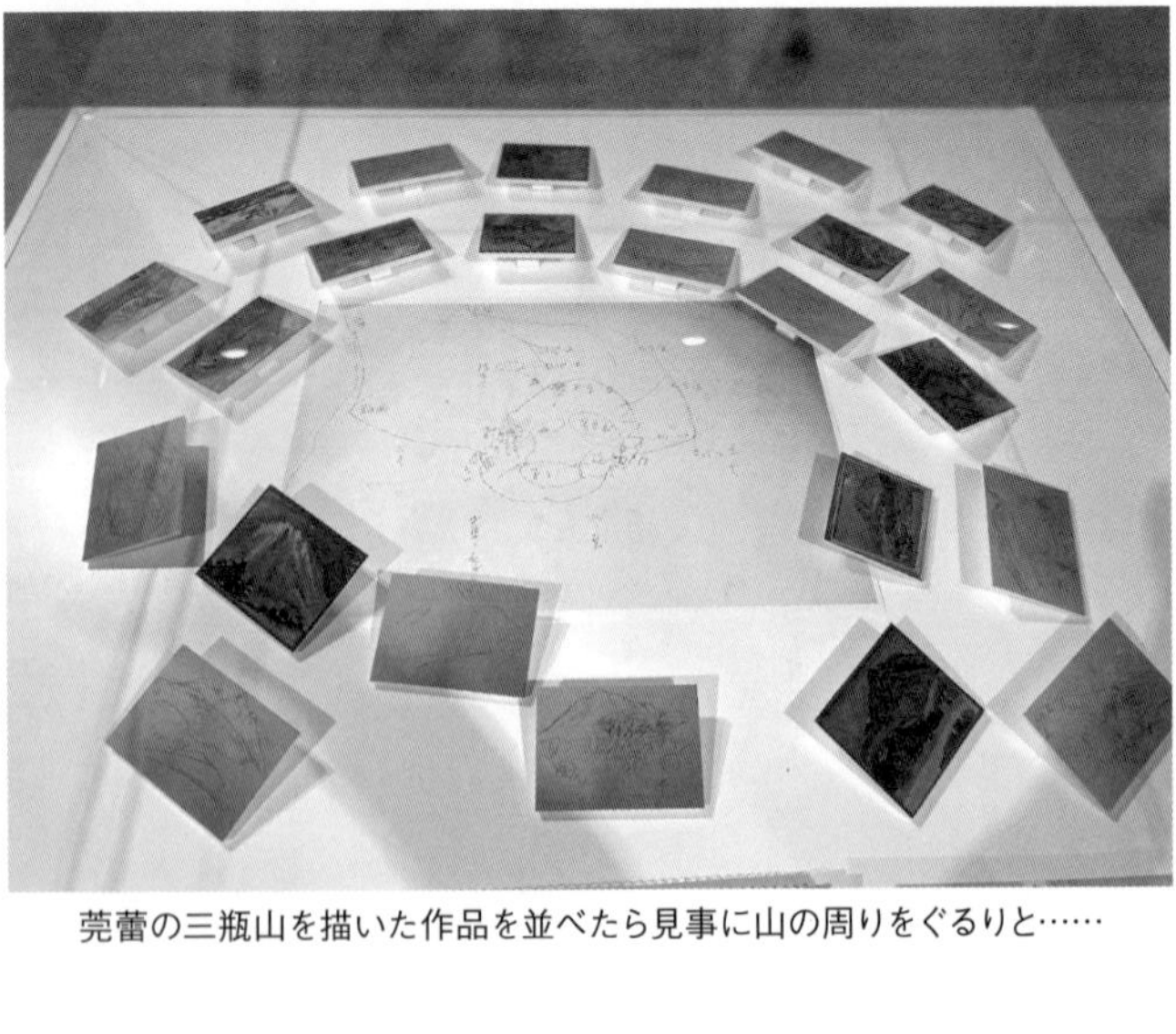

莞蕾の三瓶山を描いた作品を並べたら見事に山の周りをぐるりと……

美しい三瓶の姿に魅了されたことがよくわかります。

私も車で三瓶山の周りを一巡りしてみました。三瓶山は姿を変えつつ、どこから見ても実に美しい山でした。莞蕾の時代は交通も不便な頃です。莞蕾はあのあたりの方々にどんなにかお世話になったかと思われます。泊めていただき、おそらくごちそうもいただいたことでしょう。お酒も。そして何より自分の生き方について、世界平和について話し込んだのではないでしょうか。お世話になったお宅に絵を残しているのはそのお礼なのでしょう。

予定していたサンドミュージアムでの私の講演は、新型コロナウイルスの影響で中止となりました。次に機会があれば、「大田を愛した莞蕾」、そして「大田の人たちに愛されていた莞蕾」のお話ができますよう願っています。加納莞蕾作品展「大田を愛した莞蕾」は、二月二三日までです。

（二〇二二・一・二三）

平和の思い　未来へのバトン

「加納さん、ようこそ！」

大きく黒板に書かれた文字。いっぱいの笑顔で迎えてくれたのは、午前中に高校入試を終えた津和野中学校の三年生でした。その日の午後、私は、その教室でお話をすることになっていました。その題は「平和へのバトンを君たちに」です。

卒業式を控えた生徒たちに「平和を希求すること」について話すその一週間前に、なんと、世界を揺るがすような戦争が起こったのはとても衝撃的なことでした。ロシアのウクライナ侵攻です。このような時にどんなふうに話をすべきなのだろうかと、私は悩んでいました。

そんな時、Aさんからメールがありました。Aさんは、私の大阪での教職時代、

訪問した津和野中学校３年生の教室

小学一、二年生のときに担任をしていました。今二七歳です。そのメールには、

「先生に一年生の時、『はだしのゲン』の読み聞かせをしていただいたことをよく覚えています。その時、激しい気持ち悪さと恐怖とで、戦争に対する嫌悪感を覚えました。戦争はいけないって、だめだって、思った記憶があります。戦争はいけないって思っても、今の私には、ただ毎日をこなすしかできません。無力さに包み込まれています。先生はこの度の戦争に対しどのようにお考えでしょうか。私はどうしたらいいかわからないのです」

突然のメールにびっくりしましたが、

子どもたちに「戦争は決してあってはならないのです」と言い続けていた教職時代を思い起こし、しっかりと私の思いを受け継いでくれていたのだと、うれしくも頼もしくも感じました。

「あなたは決してまちがってはいない。人の生きる権利を奪うような戦争、人の心から憎しみと悲しみ、苦しみしか生まれてこない戦争は、決してしてはならないのです」

と、私は、彼女に返信をしました。

当日、私は津和野中学校の生徒たちにこのメールのやり取りの話をしました。伝えることの大切さ、受け止めてまた次に伝えることとの意味。中学生の君たちには、平和への思いを持ち続けてほしい。命を大切に思うこと、仲間を持つこと、歴史を学んで未来を語る人になろうと話を続けました。

そして次々と語り伝えていくこと、そこに歴史があるのだと。Aさんの中には私の思いがしっかりとつながっていて、きっと彼女からまたつながっていくのでしょう。それはまるでリレーの選手が力いっぱい走って、バトンを次の人へとつなぐのに似ているかもしれないと。

中学生の皆に「加納莞蕾の訴え続けていた平和へのバトンをみなさん、受けてくれますか」と尋ねると、「はい！」と生徒たちの力強い声が。私は涙があふれ、しばし言葉が出ませんでした。

もうすぐ高校生になる生徒たちに別れを告げ、学校を後にしました。学校の門のそばの梅の花は、真っすぐ空に向かって伸びていました。

（二〇二二・三・二〇）

「世界市民」として努力を

この春、ある大学の入学式で、「君たちは、世界市民としての自覚を持ち……」との式辞を耳にしました。私は「世界市民」という言葉を聞いたのは初めてでした。二年前、私たちは新型コロナウイルスの感染拡大を、毎日テレビの画面で確かめていました。その時、「世界はこんなにつながっているのだ」と実感したものです。感染症の広がりから、国と国のつながりがしっかりと見えてきました。

そしてまた今、ウクライナ危機の毎日のニュースの映像はとてもつらく悲しいほどに私たちに入ってきます。戦禍の中で逃げ惑う人たち、爆撃にあってぼうぜんと立ちすくむ人、大きな瞳から涙を流し、「これが戦争なんだね」という子ども。この二一世紀にこんな事が起きるとは誰が予想していたでしょう。「世界の子どもが幸せにならねば平和は来ない」と言っていた加納莞蕾《かんらい》を思い出しています。

莞蕾は三〇代の頃、従軍画家として絵を描きました。戦後、郷里に引き揚げてから一人の元海軍少将との出会いをきっかけに、平和を求めてフィリピン大統領をはじめ、日比両国の要人、キリスト教関係者、ローマ教皇などへ書簡を書き続けます。四年後、大統領は声明を発し、日本人戦犯は全員帰国しました。その時、莞蕾は、「今がスタートなのだ」と言いました。それは皆で平和を築いていくスタートなのです。

布部村村長となり、村議会で、①自治宣言、②国際親善宣言、③世界連邦平和村宣言、④原・水爆禁止宣言、⑤世界児童憲章制定促進宣言の「平和五宣言」を決議しています。その序文の中で「今、わが村の在り方は、特殊かもしれない。しかしやがてきわめて急に普通のことになるであろう」と記しています。今から六六年前のことです。今の世界情勢を見た時、私は莞蕾の思いをもっともっと伝えていかなければと、あらためて使命感が湧くのを覚えました。

莞蕾のことばです。「永遠の平和は、子どもたちに期待しなければならない。ニューヨークの子どもも、北京の、また東京、マニラの子どもも文化から遠く隔てられた未開地の子どもも等しくその人権は尊重されねばならない。前比島（フィリピン）大

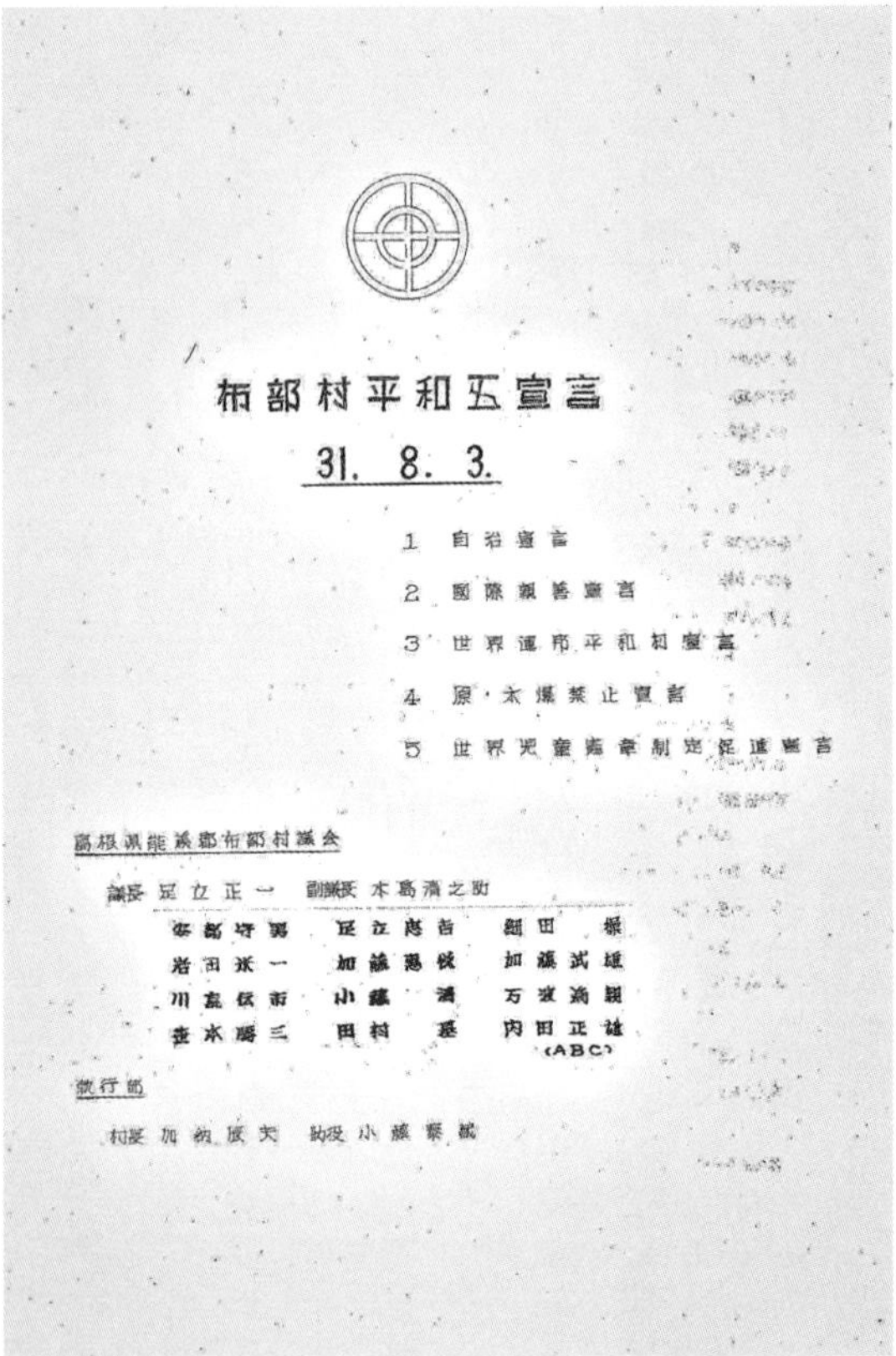
布部村平和五宣言

31. 8. 3.

1 自治宣言

2 国際親善宣言

3 世界連邦平和村宣言

4 原・水爆禁止宣言

5 世界児童憲章制定促進宣言

島根県能義郡布部村議会

議長 足立正一 副議長 木島清之助

安部守男	足立恵吉	細田 操
岩田[illegible]一	加藤[illegible]	加藤武雄
川島伝市	小藤 清	万波[illegible]
[illegible]水勝三	田村 基	内田正雄 (ABC)

執行部

村長 加納辰夫 助役 小藤[illegible]

1956年に村議会で決議した「布部村平和五宣言」

統領エルピディオ・キリノは、子どものためにすべてを赦した。そのモラルは永遠に全人類の胸に焼き付けねばならない」

莞蕾が戦争記録画を描いていた時代と違って、今はデジタルの時代。世界のニュースや情報がすぐに入ってくる時代です。私たちは「世界市民」としての自覚を持ち、平和に向けて努力を続けなければならないと思います。私もまだまだこれからしなければならないことがありそうです。

安来市加納美術館では「没後四五年　加納莞蕾展」を開催しています。多くの方にご来館いただき、莞蕾の平和への思いに触れていただきたいと願っています。

私の元気力も最終回となりました。「楽しみにしています」とか「いつも見てますよ」などうれしいお声をたくさんいただきました。いつも私の方が元気をいただいてきました。心より感謝申し上げます。ありがとうございました。

（二〇二二・五・八）

加納莞蕾（本名　辰夫）年譜

一九〇四年（明治三七）　〇歳
三月一日　島根県能義郡布部村大字布部（現安来市広瀬町布部）に、加納梅左衛門・リンの長男として生まれる。父は菓子製造業で、自作農でもあり生活は裕福。

一九一八年（大正七）　一四歳
三月　能義郡布部村尋常高等小学校高等科卒業。

一九二〇年（大正九）　一六歳
三月　能義郡布部村立布部実業補修学校本科卒業。

一九二一年（大正一〇）　一七歳
四月　島根師範学校本科第一部に入学。一級上の小瀧彬と知り合う。
この頃から油彩を本格的に始める。

一九二二年（大正一一）　一八歳

三月　父の死去により師範学校を退学、家事農業に従事。

一九二三年（大正一二）　一九歳

四月　臨時島根県小学校教員養成所に入学。翌年卒業。

一九二四年（大正一三）　二〇歳

三月三一日　能義郡布部村宇波尋常小学校訓導。

生涯師と仰ぐ福島小蕾（本名亮）が訓導として在籍。

一九二五年（大正一四）　二一歳

三月　能義郡安来町尋常高等小学校訓導、主席訓導の福島小蕾の影響で俳句に関心を持つとともに、俳画・水墨を始める。

一九二六年（大正一五）　二二歳

三月　小学校を退職し、四月上京。川端画学校および本郷絵画研究所で岡田三郎助に油彩画を学ぶ。前田寛治、佐伯祐三らと交友を深める。

四月　第一回松江洋画研究所展（研展）に出品。

第一三回光風展入選（「夜の静物」）。

一九二七年（昭和二）　二三歳
第一四回光風展入選（「ザボンなどの静物」）。
一九二八年（昭和三）　二四歳
第五回白日展入選（「戸山ヶ原小景」）。
第三回一九三〇年展に「鰊と苺」を出品し入選。
一九二九年（昭和四）　二五歳
帰郷し、能義郡布部村布部尋常高等小学校訓導となる。
第一六回二科展入選（「枯蓮」）。
第七回研展に一〇点を出品。
一九三〇年（昭和五）　二六歳
第一七回光風展入選（「静物」「風景」）。
第七回白日展入選（「早春」「サフラン」「白椿」）。
第二回聖徳太子奉讃美術展入選（「団欒」）。
第一七回二科展入選（「静物」）。

一九三一年（昭和六）　二七歳

三月　能義郡大塚村尋常小学校訓導。再び、福島小蕾のもとで教鞭をとる。同僚に田村八束がいる。独立美術協会の創立に加わる。

第一八回光風展入選（「仰臥裸婦」「魚」「母子像」）。

第一回独立美術展入選（「静物」）。

一九三二年（昭和七）　二八歳

三月　那賀郡浜田町原井尋常高等小学校訓導兼島根女子師範学校訓導。同僚に山崎修二がいる。

五月二二日　原井小学校焼失。その後、千代延斌とともに新校舎を設計する。

第二回独立美術展入選（「瑞光山山門内」「石切場風景」）。

一九三三年（昭和八）　二九歳

第三回独立美術展入選（「搦水秋景」）。

第二〇回光風展入選（「河岸」「静物」）。

一九三四年（昭和九）　三〇歳
七月　東京から中山巍・外山卯三郎を招いて、浜田で第一回夏期美術講習会を開く。これによって浜田が中央画壇と結ばれる。
第四回独立美術展入選（「かくれんぼと魚」）。
第二一回光風展入選（「河畔の夏」）。
一九三五年（昭和一〇）　三一歳
第五回独立美術展入選（「眞晝」）。
島根県初等教育図画科視学員を委嘱される。
一九三六年（昭和一一）　三二歳
第六回独立美術展入選（「桐畑」）。
一九三七年（昭和一二）　三三歳
三月　原井尋常高等小学校を退職して朝鮮半島に渡る。戸張幸男・佐藤九二男・三木弘らと型成美術家協会を結成し三越で創立展を開催。
第七回独立美術展入選（「瀧秋景」）。

個展（京城三越）。
一九三八年（昭和一三）　三四歳
第八回独立美術展入選（「園丁と孫たち」）。
個展「雪岳山観光紹介展」（京城三越）。
一一月　北支派遣牛嶋部隊本部付陸軍嘱託従軍画家となる。
一一月三日　北支山西省に従軍。晋南地区各作戦郷寧作戦潞安作戦に参加し、作戦記録画の画稿を蒐集する（一二月三一日まで）。
『緑旗』に三回にわたり、従軍記「杏花に戦ひぬ」を連載。
一九四〇年（昭和一五）　三六歳
一月　師団帰還により解嘱。師団各部隊作戦記録画作成に従事（昭和一六年六月二七日まで）。
四月　朝鮮総督府京城高等工業学校講師。
四月　私立城南中学校講師嘱託。
五月　小泉苳三歌集『山西前線』の挿絵を描く。

一九四一年（昭和一六）　三七歳

京城丁子屋にて従軍画発表展。

七月　私立城南中学校講師辞任。

七月　雪岳山観光調査委嘱（一〇月六日まで）。

一九四二年（昭和一七）　三八歳

朝鮮美術展入選（「俘虜と従軍画家」）、同名作品を翌年一月の第一八回春台美術展に出品。

『緑旗』に連載した従軍記「杏花に戦ひぬ」が国民総力研究所教科書に採用される。

一九四三年（昭和一八）　三九歳

朝鮮美術展特選（「霊岩ニ於ケル山根部隊ノ奮戦」）。

第一三回独立美術展入選（「土窰の缸人」）。この作品以降出品者名を加納莞蕾と記す。

一九四四年（昭和一九）　四〇歳

四月　臨時招集により朝鮮第二三部隊に入隊（七月召集解除）。第一四回独立美術展入選（「南山西の女連（共榮圏女風俗）」）。会友に推挙される。

決戦美術展（朝鮮総督府美術館）に「風陵渡高地占領」出品。最高賞の軍司令官賞を受賞。後に「山西省潼関付近の追撃戦」と改題。このほか「待機」、「潞安へ」を出品。

一九四五年（昭和二〇）　四一歳

決戦美術展で国民総力朝鮮連盟事務局総長賞（「我に完璧の備あり」「曲沃會同」）。

海洋国防美術展特選（「出撃の朝」）。

朝鮮軍事美術研究会総督就任。

八月三〇日　終戦により朝鮮を離れる。九月家族と共に布部村に帰る。

松江地方海軍人事部に勤務し、マニラから引き揚げてきた古瀬貴季元海軍少将と出会う。

一二月　島根洋画展覧会を開催し出品（松江市京店のレストラン大山、出雲・浜田にも巡回）。
一九四六年（昭和二一）　四二歳
一月二二日　巣鴨に召致される古瀬貴季元海軍少将を荒島駅で見送る。
三月　岩佐新、木村義男らと島根洋画会結成。
一一月　全山陰絵画展出品（「阿井秋景」）（島根新聞社主催、松江市松崎水亭で開催）。
一九四七年（昭和二二）　四三歳
第一五回独立美術展入選（「淺春」）。
九月　加納辰夫個展。
一九四九年（昭和二四）　四五歳
三月二四日　古瀬に銃殺刑の判決がくだされる。二七日に莞蕾がそれを知る。
三月三一日　嘆願活動の糸口を見つけるため上京。旧海軍関係者、厚生省、法務省ほかで嘆願の方途を模索する。
五月　一旦帰郷し、再度上京。駐日フィリピン代表部団長ベルナベ・アフリカの肖像画を描く。
六月三日　エルピディオ・キリノ大統領に第一書簡を送る。
一〇月三〇日　キリノ大統領宛て第四書簡で「戦犯の釈放がなさなければ絵筆を持てない」と記し、一切の公募展への出品を止め、嘆願活動を始める。
一二月　布部に帰る。その後、布部村の村上光隆住職に翻訳してもらい、書簡を送り続ける。
【一二月二八日付でフィリピン大統領府から嘆願について大統領が考慮するとの返書】
一九五〇年（昭和二五）　四六歳
帰郷後の嘆願書の翻訳は、布部村の安養寺住職・村上光隆師が引き受ける。

一九五二年（昭和二七）　四八歳
四月　嘆願書「神への嘆願」をローマ法王ビオ一二世に送付。
五月　能義地区社会教育研究大会でフィリピン大統領に対し「愛児の名において戦犯赦免」の嘆願を決議。ローマ法王にも同様の嘆願を行う。
七月　全国保育事業大会においても同様の決議をする。
【一〇月一〇日メレンシオ駐日大使と会見。席上で大統領は加納が願っているように戦犯問題を解決するとの示唆を受ける】
一九五三年（昭和二八）　四九歳
四月〜五月　メレンシオ未亡人、キリノ令嬢ヴィクトリア・キリノ・ゴンザレス夫人来日、故メレンシオ大使の肖像画を渡す。
【ヴィクトリア嬢から独立記念日には良い知らせがあることを知らされる】
七月六日　キリノ大統領が戦犯赦免の大統領令を発表する。
一九五四年（昭和二九）　五〇歳
九月二六日　布部村長となる（昭和三二年一月二八日まで）。

一九五五年（昭和三〇）　五一歳

五月　村議会において、平和のモラル確立のため「世界児童憲章」の早期実現を決議。

六月　能義郡町村長会で「世界児童憲章」の実現要請を決議し、さらに島根県町村長会でも満場一致で決議。全国会議に提案することを決議する。その後、全国都道府県町村会でも満場一致で決議。

六月　東京帝国ホテルで病気療養のため訪日していたキリノ前フィリピン大統領と面会し、薔薇の油彩画を贈呈する。この頃より再び絵筆を持ち、水墨画も描くようになる。

八月　第一回原水爆禁止世界大会で「世界児童憲章」の制定を提案。

一九五六年（昭和三一）　五二歳

八月　布部村長として「布部村平和五宣言」（自治・国際親善・世界連邦平和・原水爆禁止・世界児童憲章制定促進）を行う。

一九六〇年代
隠岐、大山、出雲、大田、江津を巡って油彩画を制作する。
また数多くの墨彩画を制作する。
一九六三年（昭和三八） 五九歳
糖尿病のため安来日立病院に入院。
一九六四年（昭和三九） 六〇歳
友人である紙塑作家・青戸慧に高山右近像の制作を依頼。
【作品「高山右近像」は、莞蕾没後の二〇〇〇年（平成一二）に、広島市のカトリック教会神父から、マニラのシン枢機卿に手渡される。その後シン枢機卿からキリノ元大統領の娘ヴィクトリア・キリノ・デルガドさんに贈られた。その人形は、キリノ大統領記念館に展示されるとのことであった】
一九六七年（昭和四二） 六三歳
個展（安来・松江）。
一九七四年（昭和四九） 七〇歳

七月　フィリピン外務省参事官フローレンシオ・グーソンの招待で訪比。
八月一五日　NHK松江放送局制作の木曜ファミリー「大統領への嘆願——加納辰夫」出演。
一一月　「墨彩展」開催。
一九七五年（昭和五〇）　七一歳
八月一五日　NHK特集わたしの戦後三〇年「大統領への書簡」出演。
一九七七年（昭和五二）　七三歳
三月　水墨画集「莞蕾墨彩」五彩会より出版。
八月一五日　安来市日立病院にて死去。

つながり——莞蕾死後のキリノファミリーと私たちの交流年譜

一九九六年（平成八）
莞蕾の長男　加納溥基により、生家跡に「加納美術館」が建てられ、「莞蕾館」併設。現在は、「安来市加納美術館」となっている。

二〇〇六年（平成一八）

莞蕾生誕一〇〇年「加納莞蕾をしのぶ会」が開催。長男溥基が、父を語る（布部交流センター）。

二〇一五年（平成二七）

五月　私（加納佳世子）とマニラのルビー・キリノさん（キリノ元大統領の孫にあたる方である）とメールの交信が始まる。それは、山陰放送（ＢＳＳ）のドキュメンタリー作成のための取材がきっかけであった。

そして、キリノ元大統領の一二五周年（於ビガン市）に、夫加納二郎・私佳世子は招待をうけ、一一月一二日訪比。マニラにてキリノファミリーの歓迎を受ける。

翌日、キリノの生誕の地・ビガン市に移動、キリノ大統領の『生誕一二五周年式典』に列席する。

「画家として、平和を希う人として　加納辰夫（莞蕾）の平和思想」加納佳世子著（メディアイランド出版）

二〇一六年（平成二八）

二月二九日　キリノ元大統領は、英雄に叙され、英雄墓地に埋葬されることとなった。私たちはその式典に招待を受け、参列する。

一〇月　フィリピン・クルーズ船（ぱしふぃっく・びいなす）の船上で講演（四回）をする。マニラで下船、マニラ日本人学校で講演をする。

また、アレリ・キリノさんの案内でマニラの高校に行き、話をする。

一〇月二三日　安来市加納美術館玄関横に、『加納莞蕾とエルピディオ・キリノ友好の碑―赦し難きを赦す―』が完成する。除幕式にはフィリピンのキリノ財団も招待。八人来日される。フィリピン領事官からも参列。

またその翌日には、布部小学校、広瀬中学校に訪問、フィリピンの方々は、この地の児童生徒とのふれあいの時間を持たれることとなる。

道徳資料郷土資料「島根の道徳」（中学校）に『赦し難きを赦す』として紹

介される。

二〇一七年（平成二九）

九月　マニラ日本人学校の文化祭において生徒たちによる『キリノと加納の平和への絆』劇の公演があることを聞き、マニラまで行く。

「全国社会科研究大会にて『次世代に託す平和への想い　画家加納莞蕾』との演題で加納佳世子が記念講演を行う。

二〇一八年（平成三〇）

人形作家　安部朱美さんに「平和への祈り―アリシアと三人の愛児たち―」の人形制作を依頼する。

二〇一九年（平成三一・令和元）

二月　安部さんの人形が完成。安部さんご夫妻と訪比。キリノ家に人形を贈呈する。その後、キリノ家では、その人形をモンテンルパ博物館に寄贈された。

第五回安来市平和のつどい関連事業として劇団「幻影舞台」による劇『奇跡

の邂逅　加納莞蕾物語―その少年時代に光をあてて―』が布部小学校体育館で上演された。

二〇二一年（令和三）

安来市総合文化ホール・アルテピアにて演劇『奇跡の邂逅　加納莞蕾物語』の再上演。

中学校社会科教科書「中学生の歴史」（帝国書院）の中で加納莞蕾が紹介される。

今もなお、キリノ家と私たちの交信は続いている。ルビーさんは、「私のおじいさんとあなたのお父様が築いた平和と友好のよい関係を温め直しをし、未来につないでいかなければならないのです」と、言われる。私もそう思う。両国の平和と友好、更にそのことが、世界平和につながっていくようにと願っている。

あとがき

世界の平和を希求し、世界の子どもたちの幸せを願い続けた加納莞蕾（辰夫）の想いは、未来につないでいかなければなりません。平和への想いは思っているだけではなく、私たちの暮らしの中に、そして子どもたちの育ちの中にあると、私はいつも思っています。

私は、これまで生きてきた中でたくさんの方々の暖かい思いの中に居させていただきました。教職の場にいる日々は、実に多くの子どもたちと共に毎日を過ごせたこと、また、仲間の人たちと話し合い、学びあいながら日々を築いていけたことなどは、とても幸せなことでした。もちろん、家庭を持ちながら周りの方々と力を合わせていきました。そうした日常の中で、平和を築いていくため加納辰夫の意志をつないだり、次世代につないでいく努力をしてきたように思います。

この度、この『元気力』を一冊にまとめるにあたり、多くの方にご協力、ご援助をいただきましたこと、心より感謝し、お礼申し上げます。また「いい記事でしたよ」「楽しみにしてますよ」「新聞切り抜きしてるんです」等々、声をかけてくださった多くの方々、とても励みになりました。そのようなお声を聴くたびに私は、大変うれしく、幸せを感じておりました。加納莞蕾の畏友である三島房夫氏、学術研究をすすめてくださっている広島市立大学の永井均教授、島根大学の竹永三男名誉教授、ＢＳＳ荒川和也氏、澤田公伸氏、安部正・朱美ご夫妻、中沼尚氏、かつての学校関係の友人や多くの子どもたち、保護者の方々に、また、この地域の方々に心からの感謝をいたします。またお世話くださった朝日新聞社の記者の方々、本の編集にあたってくださった「編集工房遊」の黒田一正さま、また今井印刷の方にも心よりのお礼を申し上げます。最後にいつも傍らで私を支え、助言してくれている夫加納二郎、娘上井里美、田中裕美、杉山佳美、姪千葉潮にこの場から謝意を伝えたいと思います。

戦後、七七年を過ぎようとしています。ですが、今も世界では、不幸な戦争が、絶えません。今こそ平和を希求する思いを確かなものとして受け継ぎ、また伝えていかねばと思います。

「永遠の平和は、次世代に託し、それを子どもたちに期待しなければならぬ」とは、莞蕾のことばです。そして、『世界の子どもが幸せにならねば平和はこない』を心に刻み、次世代に平和の大切さ、生きることの大切さをこれからも伝えていきたいと思っています。

世界の平和を希求し、
世界の子どもたちの幸せを願い続けた
加納莞蕾（辰夫）の一一九歳の誕生日に
（キリノ大統領の戦犯赦免七〇年の年）

加納 佳世子（杉山 佳世子）

著者略歴

加納 佳世子（杉山 佳世子）

1944年11月	京城生まれ（現　韓国　ソウル）
1945年９月	島根県能義郡布部村（現　安来市広瀬町布部）に家族と共に引き揚げ（13歳まで布部で過ごす）
1958年９月	広島県呉市へ　　広中央中学校、広高校卒業
1963年４月	広島大学教育学部入学
1967年３月	広島大学教育学部　卒業
1967年４月	兵庫県尼崎市小学校教員となる（３年）
1970年４月	大阪府吹田市小学校教員となる（35年）
2005年３月	定年退職
2005年４月	薫栄女子短期大学講師（２年間）
2007年12月	安来市広瀬町へ
2009年４月	島根大学法文学部履修生（２年間）学芸員資格取得
2011年７月	安来市加納美術館館長
2012年６月	公益財団法人　加納美術振興財団理事
2015年４月	安来市加納美術館名誉館長

著書『画家として、平和を希う人として―加納辰夫の平和思想―』
『まんが　平和を願い続けた画家　加納莞蕾』監修
現在、父加納莞蕾の平和を希求する想いを伝えようと講演活動をつづけている。

世界の子どもが
幸せにならねば平和はこない
子どもたちに語り継ぐ加納莞蕾の平和思想

二〇二三年四月二八日　印刷
二〇二三年五月一〇日　発行

著　者　加納　佳世子

発　行　（公財）加納美術振興財団
〒六九二－〇六二三
島根県安来市広瀬町布部三四五－二七

発　売　今井出版
〒六八三－〇一〇三
鳥取県米子市富益町八

印　刷　今井印刷株式会社

製　本　日宝綜合製本株式会社